kreimel – die letzten tage der männlichkeit

die letzten tage der männlichkeit

hans kreimel

Bibliografische Information der Deutschen Nationalbibliothek
Die Deutsche Nationalbibliothek verzeichnet diese Publikation in der Deutschen Nationalbibliografie; detaillierte bibliografische Daten sind im Internet über http://dnb.d-nb.de abrufbar.

Herstellung und Verlag: BoD – Books on Demand, Norderstedt
ISBN: 9783744830621

Inhalt

Vorwort

Der Titel dieses Buches erinnert nicht zufällig an den Klassiker von Karl
Kraus „Die letzten Tage der Menschheit". Rund hundert Jahre später
scheinen die letzten Tage der Männlichkeit angebrochen zu sein. Während
die Frauenwelt über ausgefeilte Propaganda-Strukturen verfügt, geht das
Bewusstsein für die Männlichkeit, aber auch die Anerkennung der
Unterschiedlichkeit in der Gesellschaft verloren. Ziel dieses Buches ist es
wieder ein gewisses Gleichgewicht herzustellen.

Die Geschichten selbst sind erfunden. Die Themen dahinter sind ernst und
aktuell, haben in der Regel einen realistischen Hintergrund. Dass sie kaum
öffentlich wahrgenommen werden, hat viele Ursachen. Akut ist es die
latente Verweigerung einer Auseinandersetzung mit einem belastenden
Thema, ein Mangel an Bewusstsein, die Unfähigkeit der Wahrnehmung, die
zu geringe Zahl von akut Betroffenen, das Fehlen einer geeigneten Lobby.
Es gibt allerdings Väterrechtsorganisationen, die eine Lobbyrolle
einnehmen, aber zu Unrecht immer in das böse rechte Väter-Eck gedrängt
werden.

Aus den oben angeführten Gründen wird dieses Buch nie in irgendeiner
Bestseller-Liste landen. Das ist auch nicht weiter tragisch, denn die
Hauptfunktion dieses Buches war für mich eine therapeutische. Ich habe
selbst teilweise schlimme und sehr schlimme Dinge erlebt. Es wundert
mich heute nicht mehr, wenn es zu Familiendramen oder Suiziden kommt.
Insbesondere aufgrund der Art und Weise, wie man in Österreich mit
Männern umgeht.

Da es sich überwiegend um Texte in öffentliche Foren und Blogs handelt,
habe ich die dort verwendete Kleinschreibung beibehalten. Die
Datumsangaben wurden aus Datenschutzgründen um die Jahreszahl
gekürzt. Es sollte kein Zusammenhang von Inhalten mit Personen
hergestellt werden können, mit denen ich in diesem Zeitraum in näherem
Kontakt stand.

Viele Themen sind aus männlicher Sicht dargestellt, obwohl sie Männer
und Frauen gleichzeitig betreffen können, manchmal auch in
unterschiedlichen Intensitäten. In den Beiträgen wird in der Regel darauf

nicht mehr eigens hingewiesen.

Im Übrigen wünsche ich Ihnen beim Lesen einen guten Magen. Manches wir vielleicht schwer zu verdauen sein. Manche Geschichten wirken wie ein Schlag in die Magengrube. Das Buch zu redigieren war nicht einfach, auch weil ich die Geschichten dahinter kenne. Länger als eine Stunde am Stück daran zu arbeiten war selten möglich.

Sollte Ihnen ein Kapitel nicht gefallen, blättern Sie einfach weiter. Sie kaufen im Supermarkt ja auch nicht alle Produkte, die er anbietet, sondern nur die, für die Sie Verwendung haben.

Dieses Buch ist keine literarische Spitzenleistung. Es ist der Versuch eines bestenfalls mittelmäßigen Buchschreibers, einen Denkanstoß zu geben. Wenn der eine oder andere Gedanke nicht ganz klar rüberkommt, ich bin für jede Anregung dankbar.

4. Jänner
frauen-trauma

auf einer fortbildungsveranstaltung in st. pölten treffe ich herbert. herbert
ist einer von drei volkschullehrern im seinem bezirk. als pädagoge
beobachte er schon lange, dass vielen burschen die meiste zeit ihrer
kindheit die männlichen bezugspersonen abhanden kämen. das führe in
vielen fällen zu bleibenden psychischen beeinträchtigungen.

das beginne in der familie. oft sind die väter beruflich kaum da, oft leben
frauen überhaupt alleine mit ihren kindern. die klassische mehrgenerations-
familie, wo ein großvater noch viel zeit mit den kindern verbringen konnte,
gäbe es auch kaum mehr. im kindergarten werden die jungs fast
ausschließlich von frauen betreut. in der volksschule auch meist. in der
hauptschule überwiegen auch weitgehend weibliche pädagoginnen.

ohne männliche bezugsperson, im idealfall mehrerer männlicher
bezugspersonen, ist es sehr schwierig, eine stabile männliche identität zu
entwickeln. in der sippe oder einer großfamilie waren die bedingungen
noch optimal. es standen für jeden jungen mehrere männer zur verfügung,
mit denen sie sich identifizieren konnten. Und das war oft nicht der eigene
vater.

die buben seien heute einem dauerhaften weiblichen geruchscocktail
ausgesetzt. natürliche gerüche weil jeder mensch eben sein geruchsmuster
hat, das laut seinen aussagen auch enorm wichtig in der paar-findung und
paar-bildung sei. und fremde düfte, synthetische wie natürliche. dazu
kämen noch die duftmuster entsprechend der aktuellen hormonellen
situation im körper der frauen. die meisten davon wären bewusst nicht
wahrnehmbar. sie wirken, obwohl wir nicht wissen, warum.
evolutionsbiologisch käme das noch aus der zeit, als wir noch als
einzelgänger durch die prärie liefen. wenn ein weibchen paarungsbereit
war, sollte es mit verschiedenen signalen von einem männchen gefunden
werden, um sich rechtzeitig erfolgreich paaren zu können.

herbert fällt auf, dass immer mehr burschen total verweiblichte psychen
besäßen. zudem hätten sie oft vollkommen falsche frauenbilder entwickelt,
die liefen mit einer naivität in beziehungen ins offene messer. als

„weicheier" würde er sie nicht bezeichnen. da stecken oft die
überfürsorglichen eltern dahinter, die alles von ihrem bubi oder mädi
fernhalten wollen.

herbert wirft diese thematik immer wieder auf. irgendwie scheint das aber
niemand ernst zu nehmen.

9. Jänner
schwieger-nutte

alfons berichtet in einer selbsthilfegruppe. er ist vater von drei kindern,
geschieden, getrennt lebend und wird mithilfe des jugendamts seit drei
jahren vollständig von den kindern weggesperrt. nachvollziehbar sei diese
kontaktsperre für ihn nicht, denn er habe sich wissentlich nichts zu
schulden kommen lassen, aber gegen das komplott seiner ex-frau mit ihrer
mutter komme er einfach mit keinem rechtsmittel an.

die beziehung sei nie irgendwie belastet gewesen. als der schwiegervater
starb, begann sich die schwiegermutter, die er nun wenig diplomatisch
schwieger-nutte nennt, zusehends in das leben seiner familie einzumischen.
seine frau, das einzige kind in der familie, konnte der mutter keinen
widerstand leisten und ließ sie gewähren. es gab kein thema mehr, wo die
gnädige nicht die regeln vorgeben wollte. ihm scheint, sie hat damit auch
ihren gatten in den vorzeitigen tod getrieben.

immer mehr stellte sie sich zwischen alfons und seine frau. irgendwann
begannen auch die kinder zu revoltieren, bis schwieger-nutte einen
sündenbock installieren konnte, der nun an allem schuld war.

als alfons nach zwei wochen von einer dienstreise aus amerika zurück kam,
war es geschehen. die schlösser getauscht, seine koffer gepackt im flur
stehend, um sie nach dem läuten zwischen tür und angel durchzuschieben.
seine frau versucht gefasst, ihm klar zu machen, dass er hier nicht
erwünscht wäre, bis schwieger-nutte etwas lauter das wort ergreift. alfons
hat gerne seine koffer in die hand genommen und ist fürs erste in den lift
geflüchtet. im foyer wartend, eineinhalb stunden nachdenkend, wo er nun
hin soll, hat er unterschlupf in einer leeren wohnung eines bekannten

gefunden, sogar den zugriff auf das gemeinsame konto hatte man ihm gesperrt. nicht schön, wenn das gehalt auf ein konto überwiesen wird, auf das man keinen zugriff mehr hat.

nach etwa einem monat hatte alfons sein leben wieder so im griff, dass er arbeiten konnte, eine funktionierende bankomatkarte hatte und ein einigermaßen ziviles leben wieder führen konnte. außer den koffern samt ein bisschen dokumenten hatte er von seiner ex-frau nichts mehr bekommen, einiges musste, weil es angeblich verloren gegangen, nachbeschafft werden.

die scheidung erfolgte rasch. widerspruch zwecklos. die schwieger-nutte hätte alles bezeugt, was nur irgendwie zu bezeugen war. dabei hatte er noch glück. denn in ihrer wut hätten die auch einiges dazu konstruieren können, was ihm mit sicherheit das genick gebrochen hätte.

kurze zeit nach dem rauswurf wurden die kinder verhaltensauffällig. jedes auf seine eigene art. da musste einiges an gehirnwäsche im spiel gewesen sein, denn sogar mit sachverständigen wurde bezeugt, dass an allem nur der vater schuld sein könnte. er wundere sich immer noch, dass diese schwach-verständigen, wie er sie nennt, das spiel von mutter und schwieger-nutte nicht durchschauten.

alfons lebt nun in einer beziehung mit einer witwe. ihr mann war wenige wochen nach seinem rauswurf mit dem auto verunglückt. sie kannten sich schon vorher. sie begannen rasch viel miteinander zu reden, versuchten füreinander da zu sein und nach zwei jahren beschlossen sie, endgültig zusammen zu ziehen. wobei sich alfons ausbedungen hat, dass ihre mutter nicht in ihrer wohnung einzieht. seine neue partnerin hat mit einem lächeln auf den lippen zugestimmt.

20. Jänner
das geburtstagsgeschenk

helmut ist vater einer ca. 14-jährigen tochter. vor zwei jahren feierte er seinen 50. geburtstag. ein paar tage vor seinem geburtstag bekam er von ihr ein tolles großes paket. am tag nach seinem 50er kam jedoch post vom

jugendamt. der dickliche herr dort stellte bei gericht den antrag, den
unterhalt von eur 200,- auf eur 500,- zu erhöhen. helmut war schockiert,
sah seine tochter 14 tage nicht. das verhältnis hat sich anhaltend
verschlechtert, nach kurzer zeit verweigerte sie überhaupt den kontakt.

eigentlich wollte helmut das paket mit seiner tochter hanna öffnen, wenn
sie das nächste mal bei ihm war und sich das verhältnis wieder normalisiert
hatte. nach 15 monaten abwesenheit besuchte sie ihn zwar wieder, aber
richtig herzlich wurde die beziehung nicht mehr. helmut hatte das
geburtstagsgeschenk noch immer nicht geöffnet.

abermals verweigerte hanna den kontakt, diesmal ziemlich gründlich, sie
zeigte überhaupt keine reaktion mehr. helmut saß in seinem büro,
betrachtete das paket, bis es ihm reichte. er nahm das paket und legte es
seiner tochter vor die haustür.

helmut hat seine tochter inzwischen aufgegeben. wenn dich ein kind
ablehnt, obwohl du dir nichts zu schulden kommen lassen hast, dann musst
du das irgendwann akzeptieren.

25. Jänner
das frust-wuchtel-prinzip

patrik schildert mir eine interessante erkenntnis. er landete immer in
beziehungen mit dem selben charaktertyp. als er dieses muster
durchschaute, versuchte er es zu formulieren. was raus kam, war das frust-
wuchtel-prinzip.

heute hat patrik so weit abstand, dass er sich entspannt mit dem thema
auseinander setzen kann.

der charakter einer typischen frustwuchtel ist leicht zu beschreiben.
dauerfrustration ist ein hauptmerkmal. sie ist nie selber an etwas schuld, oft
weiss sie gar nicht, warum sie eigentlich frustriert ist. neid, hass, eifersucht
sind ständige begleiter. und sie braucht immer jemand der an ihrem elend
schuld ist. auch die medien incl. yellow-press machen es ihr nicht leicht.
die permanente gehirnwäsche geht nicht ohne folgen an ihr vorbei. warum

hat sie nicht immer einen orgasmus? warum hat sie 7 cm zu viel bauchumfang? warum tanzt in ihrer beziehung nicht alles nach ihrer pfeife? warum schaut sie mit 45 nicht aus wie eine knackige 18-jährige?

die feministinnen gießen fleißig öl ins feuer. arbeitskolleginnen, nachbarinnen und rivalinnen aller art tun ihr übriges.

mit besonderer vorliebe schwelgt sie in ihrem eigenen leid, um nach belieben zu explodieren. wenigstens so verschafft sie sich ausreichend wahrnehmung.

sie hat sich emotional in keiner weise unter kontrolle. ihre ausraster sind aber gut geeignet, die umgebung emotional zu terrorisieren.

patrick hat drei beziehungen mit solchen frauen gebraucht, um dieses verhaltensmuster zu durchschauen. er hatte glück, keine bleibenden psychischen schäden davon zu tragen. nachdem ihm vieles zum thema beziehung bewusst wurde, hatte er eine beziehung zu einer selbstbewussten frau gefunden, in der beide scheinen, das gefunden zu haben, was sie suchen.

patrik meint, das schicksal habe es gut mit ihm gemeint. in seinem umfeld stecken viele männer in beziehungen oder nachbeziehlichen konflikten mit solchen frustwuchteln fest. er weiss, welche spiele von diesen frauen gespielt werden, insbesondere wenn vielleicht zwei oder drei kinder da sind. patrick wollte mit diesen männern nicht tauschen.

26. jänner
psycho-terror

ist schon ein paar jahre her. treffe in wien auf einem empfang einen bekannten, den ich schon zehn jahre nicht mehr gesehen hab. er macht einen etwas depressiven eindruck. ich spreche ihn drauf an. es ist ihm unangenehm, über seine stimmung zu reden. nach kurzer zeit kommen wir irgendwie auf das beziehungsthema. er wird noch depressiver. das ist verdächtig.

er will das thema wechseln, auf eine ziemlich auffällig plumpe art. ich
spüre irgendwie, da stimmt was nicht. ich frag ihn, wie es seiner frau geht
und den kindern. totale verkrampfung. er lebe wegen der drei kinder in
dieser beziehung, er würde das aber nicht als beziehung bezeichnen. eher
als eine art dauer-psycho-terror. das seine frau einen knall hatte, war vor
den kindern schon bekannt. war nicht besonders auffällig. bis die kinder
kamen. seit dem ist sie auf dem dauerausraster. seit zwei jahren redet sie
nur mehr darüber, ob und wann und wie sie ihre kinder umbringen will.
vom fenster raushauen, von der brücke schmeißen oder springen, mit oder
ohne kinder, einzeln oder alle zusammen. was ich mir logistisch etwas
schwierig vorstelle, weil die ja schon um die 3 bis 8 jahre sein werden.

ich frage ihn, ob er vielleicht professionelle hilfe in anspruch nehmen
könnte. ja, das sei sein problem. macht sie ihre drohungen wahr, wenn der
psychiater vor der tür steht? blöderweise ist der psychiater vor der tür
möglicherweise ein arbeitskollege von ihr. in der szene kennen sich alle.
was passiert, wenn seine dämliche tussi (originalzitat) dann plötzlich auf
toll und friedlich macht? dann kann ich mich gleich selbst mitnehmen
lassen. und hoffen, dass ich nie wieder nach hause komm. abgesehen vom
blaulicht vor der tür, aber was passiert am tag danach? er rechne damit,
dass am ende des tages er der blöde wäre, und natürlich wie immer an
allem in den letzten jahren schuld.

leider konnte ich meinem bekannten nicht wirklich helfen. hatte aber den
eindruck, das er doch etwas erleichtert war, weil er das gefühl hatte, offen
mit mir darüber reden zu können. hab seitdem nichts mehr gehört. kein
ehedrama, keine toten, die auf ihn und seine familie hindeuten könnten.
auch ob er sich von seinem problem inzwischen etwas lösen konnte, ist mir
nicht bekannt.

27. Jänner
das chamäleon

ich sitze in einem fast leeren cafe. nur mir gegenüber auf einem anderen
tisch sitzt eine frau und ein kind. ich bin entspannt und beobachte. nicht
auffällig natürlich. kind und frau unterhalten sich unaufgeregt. ein junger
herr setzt sich zu den beiden. plötzlich beginnt die dame zu strahlen und zu

glänzen, das war nicht zu verbergen. nach einem kaffee verschwindet der herr wieder.

zehn minuten später kommt ein anderer herr bei der tür rein. irgendwie liegt eine gewisse spannung in der luft. der herr tritt an den tisch. nur ein paar worte. mir fällt sofort auf, dass die frau ihr gesicht verkrampft. nein, sie verkrampft es nicht, sie beginnt fürchterlich zu weinen. während der mann mit ihr zu reden versucht, scheint sie immer heftiger weinen zu wollen. kurz verabschiedet er sich, verschwindet durch die tür. im bruchteil einer sekunde hört die frau auf zu weinen, ein kurzer wisch mit dem taschentuch über das gesicht und plötzlich strahlt sie wieder in alter frische. ich hab mich richtig geschreckt und mühe, das zu verbergen.

eine frau tritt ein. schon beim öffnen der tür, beginnt die dame am tisch wieder von oben bis unten zu strahlen. die damen wechseln kurz im vorbeigehen freundliche worte. sie nimmt nebenan platz. und ich kann mein hämisches grinsen bald wirklich nicht mehr verbergen.

ich stehe auf, gehe bei der dame mit dem kind vorbei und sage beiläufig: "entschuldigung, sind sie zufällig schauspielerin?". "Nein, aber schon drei mal geschieden!". "darauf ich "sie hätten aber wirklich talent!". ich grinse und verschwinde rasch aus dem lokal.

28. Jänner
der leihvater

auf einer tagung lerne ich franz kennen. vormittagspause, kaffee, kuchen. ich glaube, er hieß nicht wirklich franz, aber das ist unwesentlich.

franz ist unternehmer und macht sich gedanken über den weiterbestand seiner firma. er ist vielleicht 50. ich frage ihn, ob er in der familie jemand habe, der sich für sein gewerbe interessiere. franz ist nicht verheiratet und hat einen ledigen sohn. doch dabei ist er sich nicht so sicher. die mutter seines angeblichen kindes erzählt ihm seit fünf jahren, dass er nicht der vater des kindes sei, ja sogar gar nicht sein könne.

so viel offenheit in fünf minuten einem vollkommen fremden gegenüber überrascht mich doch. franz erzählt weiter. er habe ein gutes verhältnis zum kind. und habe akzeptiert, dass es sehr wahrscheinlich nicht von ihm sei. die alimente seien für ihn kein problem. also sie waren es bis vor kurzem nicht. die mutter des kindes sei jetzt auf einem selbstverwirklichungstripp und urgiere über das jugendamt eine verdopplung der alimente. worauf sich franz irgendwie nachvollziehbar etwas verarscht vorkommt. wenn dir eine frau schon eine fremde brut unterschiebt, sollte sie mit ihren vorstellungen doch etwas auf dem boden bleiben. das gefühl, ein kuckuckskind durchzufüttern, lässt ihn inzwischen nicht mehr los.

ich frage ihn, ob er die vaterschaftsfrage schon geklärt hat. er verneint. bis jetzt sei ihm das freundschaftlich-väterliche verhältnis zum kind wichtiger gewesen. aber jetzt wird die mutter hinterfotzig. sie hält sich an keine mündlichen vereinbarungen mehr. und er könne den einfluss der umwelt nicht wirklich gut einschätzen. am schlimmsten seien diese büro-karnaillen (oder hat er sie als büro-nutten bezeichnet, kann ich nicht mehr sicher sagen), die sich gegenseitig aufwiegeln und aufhussen. und das jugendamt, das nun drauf und dran ist, mit der beziehung zu diesem kind emotionalen druck herzustellen. es ginge ihm ja nur ums geld, diesem schnodrigen unternehmer. nein ums geld gehts nicht. es geht um ein kind, von dem er ziemlich sicher wisse, das es nicht von ihm ist und zu dem er ein sehr gutes verhältnis aufgebaut habe. und jetzt fielen ihm diese unnötigen arschlöcher damit alle in den rücken. hat ihm ein paar schlaflose nächte beschert.

die beziehung hat er beendet. er hat nichts gemeinsames mit seiner ex-freundin mehr. nur mehr das kind, das er sich von ihr unterjubeln habe lassen. und über das er nachdenkt. ob es nicht besser wäre, diese freundschaft zum kind bis auf weiteres ruhen zu lassen, um von der mutter und vom jugendamt nicht mehr emotional erpresst werden zu können? das kind wird diesen machtkampf nicht verstehen. er hofft, das er es eines tages verstehen wird. in seinem zorn wäre es für das kind besser, bis auf weiteres keinen kontakt mehr aufrecht zu erhalten.

franz arbeitet jetzt sehr viel. sonst käme ich über diese hinterfotzigen arschlöcher nicht mehr hinweg. und aufs bezirksgericht muss er jetzt. er hat beschlossen, seine nicht-vaterschaft feststellen zu lassen. irgendwie wär er wieder froh, wenn etwas ruhe einkehren würde, hab ich das gefühl.

die pausenglocke läutet, der nächste vortrag beginnt. es fällt mir schwer,
mich auf das fachthema zu konzentrieren. seine geschichte beschäftigt mich
nach einem jahr immer noch.

29. Jänner
etiketten-schwindel

clemens ist ein sensibler, aber auch ein durchaus belastbarer und mit
ordentlich hausverstand ausgestatteter vater dreier kinder. er lebt in einer
aufrechten beziehung. und scheint seine seelengefährtin gefunden zu haben.
clemens interessiert sich für seine umwelt und ist damit ein gefragter
gesprächspartner für viele seiner leidensgenossen, die weniger glück hatten.

ich hab clemens abseits der väterrechts-szene kennen gelernt, aber
irgendwie sind wir im gespräch auf dieses thema gekommen.

was mir schon auffällt, meint clemens, dass da einige behörden und
organisationen in diesem geschäftsfeld aktiven etikettenschwindel
betreiben. nehmen wir mal das jugendamt, nunmehr kinder- und
jugendwohlfahrt. aus seinen gesprächen nehme er immer wieder wahr, dass
kinder- und jugendanliegen da vollkommen außen vor sind. sie spielen nur
eine rolle, wenn sich die frauen damit einen vorteil verschaffen könnten.
eigentlich müsste diese behörde frauen-wohlfahrt heißen. er wolle sich
nicht unnötig darüber verbreitern, welche meldungen er über die frauen-
wohlfahrt höre. so zitiert er seinen arbeitskollegen franz. jedes mal, wenn
dieser das bedürfnis hätte, sich wieder mal ordentlich verarschen zu lassen,
dann wisse er, an wen er sich wenden müsse.

zuletzt ist clemens auf ein plakat des gewaltschutzzentrums gestoßen. er
las, daß das zentrum in einem jahr 2149 opfer unterstützte und dass 94 %
der gefährder männlich seien. moment, dachte sich clemens. das gibt es
nicht. aus rein menschlicher sicht sind in je 50 % der konflikte männlein
und weiblein schuld. und wenn am ende des tages 94 % der gefährder
männlich sein sollen, dann werden wohl bestimmte gefährdungen massiv
ausgeblendet.

aus eigener erfahrung wisse er, dass frauen in punkto gewalt heute männern um nichts nachstehen. frauengewalt äußert sich anders. psychische gewalt, übergriffe auf kinder, die probleme machen, psychoterror, auch anderen frauen gegenüber und vermehrt in trennungssituationen. und er wisse auch, warum dieser anstieg weiblicher gewalt zustande kam. zum einen wurden frauen von gewissen repressalien befreit, aber auch regularien für nicht akzeptables verhalten fielen weg. ist früher jemand durchgeknallt, hat er oder sie so lange einen tritt in den arsch bekommen, bis er oder sie wieder ein sozial akzeptierbares verhalten an den tag legte. das ist heute nicht mehr üblich. heute tanzen uns diese durchgeknallten furien und trotteln auf der nase herum.

so viel gewaltverherrlichung und diese ruppige ausdrucksweise hätte ich einem akademiker nicht zugetraut. frauen seien zudem immer weniger belastbar, und würden auch deswegen immer öfter durchknallen. besonders einzelkinder lernen nicht mehr, sich in einer gesellschaft einzuordnen, mit ihren emotionen umzugehen und ein realistisches selbstbild resp. eine authentische selbstwahrnehmung zu bekommen.

wenn ein gewaltschutzzentrum heute attestiert, dass 94 % der gefährder männlich sind, dann kann man nur zu diesem schluss kommen, wenn man weibliche gewalt nicht sehen will. ehrlicherweise sollte man dann einen solchen verein als frauen-schutzzentrum bezeichnen. es könnte sonst der eindruck entstehen, dass gewalt in der familie nur von männern ausgehe. und das stimme heute mit sicherheit nicht mehr. so weit er das beobachte, ist gewalt in familien heute ziemlich gleich auf männer und frauen verteilt, nur bei frauen-gewalt würden alle die augen verschließen.

clemens findet es auch pervers, wenn das thema gewalt öffentlich auf gewalt gegen frauen reduziert wird. dabei haben die gewalt-gegen-frauen-predigerinnen ja insofern glück, dass wenigstens viele zuwanderer noch zum rohrstock greifen. deswegen seien 30 % der täter und der opfer in frauenhäusern keine österreichischen staatsbürger. obwohl sie weniger als 10 % der bevölkerung stellen.

zuwanderer kommen aus anderen kulturkreisen und sind mit unseren gepflogenheiten und unseren umgangsformen nicht vertraut. wenn sich die frauenrechtsszene über vorfälle wie in kiel mokiert, so hätte sie jetzt einen anlass, wieder einen rundumschlag gegen gewalt von männern an frauen zu starten. und je länger man den tätern das nicht beibringt, dass ihr verhalten falsch und bei uns nicht akzeptierbar ist, umso länger haben sie grund, die männer-gewalt-keule zu schwingen. ob einzelne elemente dieser fraktion insgeheim hoffen, dass es noch zu vielen weiteren solcher übergriffe kommt, sei laut clemens nicht dokumentiert.

clemens diskutiert vieles auch mit seiner frau. interessanterweise sieht sie die problematik ähnlich und ohne irgendwelche scheuklappen. irgendwie bewundere ich die beiden.

30. Jänner
paarungsverhalten

wie es der zufall will, lauf ich einem evolutionsbiologen über den weg. da wir grad etwas mehr zeit haben, entwickelt sich ein interessantes gespräch.

das paarungsverhalten des homo sapiens unterscheide sich von vielen anderen tierarten sehr wesentlich. es zu durchschauen hilft möglicherweise, die verhaltensmuster von männchen und weibchen besser zu verstehen.

evolutionsbiologisch sitzt unser paarungsverhalten im kleinhirn, dort wo alle unsere instinkte sitzen. evolutionsbiologisch hat paarung einen sinn: die erhaltung und vermehrung der eigenen art. ursprünglich war es auch darauf beschränkt. als unsere vorfahren in einer umgebung lebten, wo futter ganzjährig zur verfügung stand, keine besonderen gefahren drohten, war die bildung einer klassischen familie nicht notwendig. war das weibchen in einer versorgungslage, um ein kind auszutragen, startete der zyklus, es zeigte paarungsbereitschaft, diese wurde einem genetisch geeigneten männchen signalisiert, es kam zum eisprung, zur paarung und möglicherweise zu einer erfolgreichen schwangerschaft. darüber hinaus spielte das männchen in dieser struktur keine rolle.

war die versorgung des weibchens schlecht, zb. war es wegen nahrungsmangel oder krankheit zu sehr abgemagert, setzte der zyklus aus. ein effekt, den wir auch heute bei sehr untergewichtigen frauen kennen. sinkt der körperfettgehalt unter einen gewissen wert, gerät auch das hormonsystem aus dem gleichgewicht. wurde die versorgung wieder besser, setzte der zyklus wieder ein und es kam wieder zu einem eisprung.

das weibchen hat sich instinktiv einen paarungspartner gesucht, der sich genetisch möglichst weit von ihr unterschieden hat. sie wollte damit inzucht vermeiden. eine trächtigkeit war eine große ressourcenverbrauchende investition. ein kind sollte lebensfähig sein und bis zur selbsterhaltungsfähigkeit aufgezogen werden können. kam es zu keiner erfolgreichen paarung, folgte der nächste eisprung ca. 28 tage später, so lange, bis es wieder zu einer erfolgreichen trächtigkeit kam.

möglicherweise wurde die hauptpaarungszeit mit den jahreszeiten synchronisiert, dass die kinder nicht in ungünstigen jahreszeiten mit zu geringem nahrungsangebot geboren wurden und dadurch eine zu geringe überlebensfähigkeit gegeben war.

war eine paarung erfolgreich, suchte das weibchen wieder sein eigenes umfeld, also menschen mit ähnlichen genen auf, um in einer vertrauten sicheren umgebung das kind austragen, gebären und hochziehen zu können. ähnliche verhaltensmuster finden wir auch heute noch.

da unsere vorfahren noch mehr oder weniger gebückt oder auf allen vieren gingen, reichten eine anschwellende scham und eine bestimmte duft-signale aus, um männchen zur paarung anzulocken. beides wird die menschheit in ähnlicher form noch lange begleiten. dass männchen überwiegend auf optische reize reagieren, während frauen überwiegend auf olfaktorische reize (riechen) ansprechen, hat also auch einen tieferen biologischen sinn.

als der mensch seinen lebensraum in unwirtlichere gegenden verlegte, war er gezwungen zu jagen, um in zeiten längerer schneedecke oder frost ausreichend hochwertige nahrung zu sich nehmen zu können. in diesem zeitraum ist das zwischenhirn oder raubtierhirn entstanden, das hochwertige eiweisse zb. tierischer herkunft voraussetzt. um strenge winter und raubtiere überwinden zu können, haben sich sippen- und familienähnliche strukturen gebildet. hier übernimmt das männchen auch eine gewisse rolle und es kommt zu einer gewissen arbeitsteilung. eine familienähnliche bindung hat sich positiv auf das überleben der art unter diesen umständen ausgewirkt. eine strategie für diese intensivere bindung war, dass das weibchen nun auch paarungsbereit und paarungswillig war, ohne unmittelbares interesse, trächtig zu werden.

im zuge der sozialisierung erfolgte die paarbildung teilweise gelenkt. aus bestimmten stammeskulturen ist auch bekannt, dass weibchen, die unfrieden in ihren stamm brachten, gegen weibchen anderer stämme eingetauscht wurden. das brachte unbewusst eine genetische durchmischung, diese weibchen waren in der regel in der neuen umgebung nicht mehr verhaltensauffällig. es wird auch berichtet, dass diese ausgetauschten weibchen in spätestens drei monaten die sprache ihres neuen stammes vollkommen und akzentfrei erlernten.

diese teilweise gelenkte paarbildung hatte zur folge, dass sich frauen trotzdem mit männern mit geeigneter genetik gepaart haben. in solchen beziehungen kam es zu außerordentlich vielen kuckuckskindern. erheblich mehr als in beziehungen, die relativ ungezwungen eingegangen wurden. die kultur hat unbewusst strategien entwickelt, wie frauen zugang zu genetisch geeigneten männern fanden. u.a. wird in einer historischen quelle berichtet, dass sich auf der wallfahrt nach mariazell auffällig viele frauen aus besseren kreisen befänden, die mit ihrem liebhaber im gefolge eine zeit lang ungestört verbringen wollten. auch das fallweise intensive bedürfnis, auf kur zu fahren, hatte oft einen ähnlichen hintergrund.

allmählich eignete sich der mensch einen aufrechten gang an. die scham des weibchens verschwand aus dem blickfeld des männchens. wenn heute frauen lippenstift einsetzen, signalisieren sie damit unbewusst angeschwollene schamlippen und paarungsbereitschaft. männer in unserem kulturkreis können mit diesem signal umgehen. männer aus anderen kulturkreisen interpretieren das möglicherweise anders. erotische signale wie besondere kleidung, düfte, bestimmte verhaltensmuster, das nachahmen von stil-ikonen werden bewusst oder unbewusst eingesetzt, um möglichst attraktiv zu erscheinen. nicht alle können mit diesen reizen richtig umgehen.

etwa im 18. jahrhundert wurde die romantische liebe erfunden. sie stellt ein märchenhaftes idealisiertes wunschbild dar, das zwangsläufig zu enttäuschungen führen muss. traummänner und traumfauen gibt es real nicht, auch wenn wir das gerne so hätten. es gibt aber menschen, die ausgezeichnet miteinander harmonieren, sog. seelengefährten.

unser bedürfnis nach macht, status, einfluss und ansehen beeinflusst heute zusehends unsere wahrnehmung fürs andere geschlecht. hinter dem anhimmeln von superstars steckt heute möglicherweise der instinktive glaube, dieser hätte besonders gute gene. hinter dem anhimmeln sehr begüterter menschen steckt in einem gewissen ausmaß das streben nach versorgungssicherheit.

viele mechanismen funktionieren in unserem hinterkopf immer noch so wie vor 100 000 oder 200 000 jahren. sie werden allerdings durch den sozialisierungsprozess, heute erziehung und prägung unserer kultur deutlich überlagert.

hormonelle verhütung täuscht eine schwangerschaft vor, und beeinflusst damit die emotionale wahrnehmung von frauen teilweise massiv. im paarungsmodus wird ein samenspender mit möglichst abweichender genetik gesucht. im schwangerschaft- oder hormonelle-verhütungs-modus sucht die frau wieder ein umfeld mit ähnlichen genen. geht eine frau während der hormonellen verhütung eine tiefere beziehung ein, kann es vorkommen, dass sie bei absetzen der pille ihren mann plötzlich nicht mehr riechen kann. es kann in weiterer folge auch dazu führen, dass der körper der frau wegen instinktiv festgestellter nichteignung des spermas das vordringen zum ei verhindert. ein nicht gerade geringer anteil an unerwünschter kinderlosigkeit ist auf dieses phänomen zurück zu führen.

dr. med. eckart von hirschhausen hat einmal gemeint, es wäre ganz leicht zur richtigen partnerin zu kommen. man müsse nur in einem nicht gerade frisch gewaschenen zustand mit erhobenen armen durch eine menschenmenge gehen, sodass die anwesenden weibchen den genetischen geruch wahrnehmen und ihm folgen können. auf diese weise ist die wahrscheinlichkeit groß, dass dich das richtige weibchen findet. für das weibchen ist die genetische eignung des männchens enorm wichtig. für das männchen ist die genetische eignung des weibchens untergeordnet. es ist anzunehmen, dass bei sog. seelengefährten, wie es john gray beschreibt, diese genetische eignung des männchens für das weibchen eine massgebliche rolle spielt.

die wahrnehmung des geeigneten partners wird wie oben teilweise erwähnt beeinträchtigt, durch hormonelle verhütung, alkoholeinfluss, parfums, zigarettenrauch. die in der folge eintretende beeinträchtigung der wahrnehmung der frau könnte auch hauptursache für die sehr hohen trennungsraten und auseinandersetzungen in folge von trennungen sein.

für den fall, dass ich mich noch mehr in die thematik vertiefen will, hat mir der freundliche herr ein paar autoren empfehlen:

eckart von hirschhausen
john gray
demond morris, der nackte affe
robin baker, krieg der spermien (er beschreibt 36 paarungsstrategien)
richard david precht, liebe – ein unordentliches gefühl

31. Jänner
samenspender

ernst schildert in einer selbsterfahrungsgruppe sein schicksal. der name ist geändert. das umfeld auch. der inhalt ist leider real.

ernst war immer ein familienmensch. aus einer tollen familiären umgebung kommend, wollte er immer selbst eine familie gründen und für sie bestmöglich da sein. irgendwie ist dieses projekt jedoch gescheitert.

ernst lernt marlene kennen. es entwickelt sich aus seiner sicht eine tolle beziehung, obwohl sie sich berufsbedingt relativ wenig sehen. urlaube und wochenenden werden zusammen im teilweise gemeinsamen freundeskreis verbracht. nach drei jahren beschließen sie eine familie zu gründen, das erste kind kommt. dass ernst beruflich bedingt nicht ständig da sein kann, stört marlene nicht. keine zwei jahre später kommt ein zweites kind.

als das zweite kind zu laufen anfängt, beginnt marlene, ernst immer mehr aus der beziehung raus zu ekeln. ernst versteht das nicht, will teil der familie bleiben und sich einbringen. marlene verschließt sich immer mehr und fordert ihn letztendlich auf, die familie ganz zu verlassen. würde er nicht folge leisten, würde sie dafür sorgen, das er seine kinder nie wieder sehe.

ernst versteht das verhalten von marlene nicht. was ist bloß in sie gefahren? warum diese ablehnung? warum diese ausgrenzung? warum diese drohungen?

nachdem marlene einige hundert kilometer zu ihren eltern zurück gezogen ist, sieht ernst seine beiden kids etwa alle 4 bis 6 wochen halbtagsweise. er zahlt eine unsumme an unterhalt, da er fleißig arbeitet und viel verdient. das finanzielle sei nicht das problem. aber als vater derart ausgegrenzt und unter kontrolle gehalten zu werden, das verstehe er bis heute nicht.

heute hat ernst einen anderen zugang zu diesem thema. marlene ist ein alpha-weibchen, das beruflich erfolgreich ist, alles im griff hat, und sich das leben so organisiert, dass sie keinen mann braucht. im gegenteil, ein mann würde in ihrem konzept auch stören. dass sie wieder lockere beziehungen habe, weiß ernst. aber die kommen ihrer kleinfamilie nicht zu nahe.

ernst fühlt sich als samenspender und unterhaltszahler unter gleichzeitiger wegsperrung missbraucht. heute versteht ernst auch, warum marlene das thema heiraten immer mied und auf möglicherweise später vertröstete. ihre strategie könnte von langer hand vorbereitet worden sein.

ernst hat nun eine familie gefunden. die kinder seiner freundin, die er nach dem wegzug der mutter seiner kinder fand, sind etwas älter und binden ihn toll in die familie ein. zu ihrem leiblichen vater haben sie seit jahren keinen kontakt. warum, weiss er nicht und will es auch nicht wissen. an weitere eigene kinder denkt ernst nicht mehr. die schrammen, die er sich bei marlene geholt hat, schmerzen, wenn er über dieses thema nachzudenken beginnt.

ernst hat seine aufgabe gefunden, auch wenn er es bedauert, sie nicht bei den eigenen kindern gefunden zu haben.

2. Februar
bösartig

norman kommt aus dem englischen sprachraum, hat sich aber schon gut

hier eingelebt. er verfolgt die darstellung von gewalt in medien
insbesondere gegenüber frauen. was ihm schon sehr früh aufgefallen ist,
dass in den meisten medien frauen als engelhafte opfer und männer als böse
teufel dargestellt werden. da er sich auch wissenschaftlich mit solchen
themen befasst, ist ihm diese darstellung ein dorn im auge.

männer können engel und teufel sein, auch frauen können engel und teufel
sein. da ist kein signifikanter unterschied. es gibt gutmütige menschen und
es gibt bösartige. die verteilung auf männer und frauen ist nicht signifikant
unterschiedlich. was norman aber schon beobachtet haben will, sei der grad
an bösartigkeit. frauen können erheblich bösartiger sein als männer. diese
bösartigkeit kann sich bei kindern entladen, bei männern und anderen
familienmitgliedern, aber auch am arbeitsplatz, im bekanntenkreis oder in
der näheren verwandtschaft. die bösartigkeit kann sich in kranker eifersucht
und auffälliger bissigkeit äußern.

eine der häufigsten entladungspunkte für weibliche bösartigkeit seien
trennungs- und unterhalts-verfahren. der grund dieser bösartigkeit liegt
dabei nicht unbedingt im partner oder den schwiegereltern. frauen seien oft
mit sich selbst unzufrieden, hätten ein vollkommen falsches selbstbild, ein
chronisch unterentwickeltes selbstbewusstsein, könnten nicht mit ihren
emotionen umgehen oder befänden sich in einem massiven revierkonflikt.
der kampf um das oder die kinder und das festhalten an diesem faustpfand
wird häufig mit chronischer bösartigkeit geführt.

ob sich ein genetischer zusammenhang zwischen der ausprägung solcher
bösartigkeit geschlechtsspezifisch nachweisen lasse, kann norman nicht
sagen. es gäbe geschlechtsspezifische unterschiede zwischen mann und
frau. männer neigten demnach mehr zu rationalem denken, frauen eher zu
emotionalem denken. auch fand norman noch keinen hinweis, dass
weibliches konfliktverhalten möglicherweise auf ein sinnvolles
biologisches programm in der frühzeit der menschlichen entwicklung
zurückzuführen wäre. nicht auszuschließen sei, dass bösartigkeit generell
deshalb im steigen begriffen sei, weil negatives sozialverhalten in unserer
gesellschaft immer weniger sanktioniert werde. wer bösartig ist, bekommt
dafür keinerlei strafe mehr, geschweige denn feedback. viele menschen
wollen nicht grundsätzlich bösartig sein. sie befinden sich in stress-
situationen und bauen diesen in form von bösartigkeit ab. und verursachen

damit stress in ihrem umfeld. warum sie bösartig sind, sei ihnen nicht
bewusst. und mit ihrem stress anders umzugehen, das haben sie nicht
gelernt.

auffällig sei auch, dass einzelkinder signifikant häufiger zu bösartigem
verhalten neigen. norman führt das darauf zurück, dass sie weniger
belastbar seien, deshalb schneller in stress geraten, und auch nie wirklich
lernten, konflikte auf sozial zumutbare weise zu lösen. eine sehr hohe
soziale kompetenz sei in familien ab drei kindern gegeben. ein kind schaut
zu, wie die beiden geschwister einen konflikt austragen. im nächsten
konflikt ist es selbst verwickelt und kann die erfahrungen als beobachter
davor bereits verwerten. das läuft alles unterbewusst.

norman geht davon aus, dass mit dem trend zu einzelkindern auch die
bösartigkeit in beziehungen zunehmen werde. ich hoffe, das wird sich lange
nicht bewahrheiten.

3. Februar
das alkoholopfer

oft machen wir die erfahrung, immer wieder gleiches anzuziehen. ein etwa
45 jahre alter herr, dessen name ich zu meiner schande vergessen hab, hat
mir dazu eine kurze anekdote aus seinem leben erzählt. ich nenne ihn der
einfachheit halber josef.

josef lebte bisher in drei längeren beziehungen, eine davon dauerte ca. 15
jahre. die letzte endete ziemlich abrupt nach drei monaten. er hatte die frau
im internet kennengelernt.

sie machte einen ordentlichen und korrekten eindruck. josef war angenehm
von ihr angetan. nur seinen alkoholkonsum, den er bestenfalls als
bescheiden bezeichnete, sah sie mit etwas befremden. und sie erzählte auch
immer wieder, dass sie in jeder ihrer beziehung an alkoholiker geriet. das
ziehe sie irgendwie magisch an.

nach drei monaten wurde josef von seiner neuen freundin vor die tür
gesetzt. er konnte ich aber keinen reim drauf machen, warum so plötzlich

und für ihn unbegründet. nach einer woche akzeptierte er schließlich, hinausgeworfen worden zu sein.

eine weitere woche später traf er eine bekannte. irgendwie kamen sie auf seine ehemalige letzte freundin zu sprechen, von deren beziehung die bekannte aber nichts wusste. josef zeigte sich interessiert und seine bekannte sprudelte gleich vor informationen über das große unglück dieser frau. sie hatte erfahren, dass sie drei monate in einer beziehung gelebt hätte und wieder an einen schweren trinker gelangt sei. das sei nach dieser zeit einfach unerträglich gewesen, worauf sie sich von ihm hätte trennen wollen. doch plötzlich hätte sich dieser schwere trinker aus dem staub gemacht und sie einsam und verlassen zurückgelassen.

josef kommt aus dem staunen nicht raus. bei diesem schweren trinker sei mit sicherheit von ihm die rede, davon war er sich sicher. dass man beim konsum von geringen mengen alkohol von leuten gleich ins alkoholiker-eck gesteckt wird, das war jedoch eine neue erfahrung für ihn. andererseits war josef jetzt froh, mit einem blauen auge davon gekommen zu sein. hätte er sich noch mehr in diese beziehung eingelassen, wären die seelischen folgen sicherlich schwerwiegender gewesen.

abschließend meinte josef, er gehe heute sehr viel vorsichtiger auf frauen zu. und er achtet, wie sie über ihre verflossenen reden. wenn sie schimpfen oder ihm alkoholismus oder sonstwelche fehler vorwerfen, werden sie dasselbe später auch mit dir tun. es ist ja auch viel einfacher, dem anderen möglichst jede schuld in die schuhe zu schieben und selbst das unschuldslämmchen zu spielen. zu sagen, ich hab zum scheitern der beziehung ebenfalls etwas beigetragen oder wir haben uns aus den augen verloren, das erfordert charakter, den man nicht von vornherein erwarten darf.

4. Februar
ist deppert das neue normal?

vor ein paar tagen lernte ich jens kennen. jens macht einen sehr praktischen eindruck. beim verstand scheint er sicherlich nicht zu kurz gekommen zu sein.

irgendwie kommt er im gespräch auf das thema "durchgeknallte frauen" (originalzitat) zu reden. ob er seine aussagen auf eigene erfahrungen oder auf beobachtungen zurück führt, konnte ich nicht in erfahrung bringen.

wirklich überrascht war ich dann von folgender aussage: "zu meiner zeit war ich deppert. dann hab ich eine aufs aug gekriegt und ich hab gemerkt, es ist besser, mir das deppert-sein erst gar nicht anzugewöhnen."

weiters "heute werden die depperten fürs deppert-sein belohnt. dafür tanzen sie uns dann auf unserer nase herum."

ich bin der letzte, der der gewalt das wort redet. nur so groß ist das instrumentarium heute nicht, jemand dazu zu motivieren, nicht deppert zu sein.

10. Februar
furien-modus

jeremias ist mediator. sein hauptbetätigungsfeld sind trennungssituationen nach längeren beziehungen. aufgrund seiner ausbildung und seiner tätigkeit hat er gute einblicke in die weibliche und die männliche seele insbesondere in konflikt-situationen.

jeremias ist aufgefallen, dass die verhaltens-flexibilität bei frauen auffallend größer ist als bei männern. frauen besitzen idr. ein wesentlich weiteres verhaltensspektrum und reagieren wesentlich schneller und wesentlich präziser auf veränderungen in ihrer umwelt. eine frau kann zb. bei erscheinen ihres ex-partners ohne zeugen in den furien-modus wechseln. sobald die tür aufgeht, und eines ihrer kinder reinkommt, wechselt sie in den fürsorge-modus. geht das kind und kommt die schwiegermutter, wechselt sie in den scharf-modus. klopft der nette briefträger an die tür, wird auf den liebenswürdig-modus umgeschaltet. kommt die zickige arbeitkollegin bei der tür rein, kommt der ich-beisse-gleich-zu-modus zum vorschein. kompliziert wird es, wenn ein sehr netter kollege im raum ist und eine angriffige rivalin.

im mediationsprozess hat jeremias gelernt, mit dieser weiblichen
verhaltensvariabilität gut umzugehen. er kennt auch viele kollegen, die das
nicht durchschauen wollen oder können. im direkten gespräch ist frau nett,
freundlich, kooperativ, kein wölkchen hätte die beziehung je trüben
können. gehen die beiden bei der türe raus, wird auf intrige-modus
umgestellt, neue forderungen proklamiert, drohungen ausgesprochen,
machtverhältnisse geklärt. deshalb sorgt jeremias auch dafür, dass seine
mediationskunden getrennt seine mediationspraxis verlassen. zumindest bis
die stresskeule zwischen den klienten abgebaut ist. und er fordert seine
kunden auf, alles in diesem konflikt vorkommende zumindest notizenhaft
zu vermerken, um es aufarbeiten zu können. so lange seine kundinnen
nämlich im mediationsprozess in der ich-bin-ja-immer-so-lieb-rolle
bleiben, ändert sich im konflikt nichts und es löst sich nichts auf.

die schwierigsten kundinnen sind laut jeremias die mit dem ausgeprägtem
furien-modus. da gibt es den direkten und den indirekten furien-modus. der
direkte wird idr. dem (ex)partner gegenüber gefahren, meist wird die
anwesenheit von zeugen vermieden. fallweise kommt es aber auch vor, dass
kleinkinder auch dabei sind. tritt eine dritte person in die kommunikation
ein, liegt der direkte furien-modus sofort auf eis.

beim indirekten furien-modus oder auch intrigen-modus wird bewusst mit
stimmungen gearbeitet. häufig setzt sich die frau in die opferrolle, ersucht
um verständnis, mitleid, zuneigung. dass sie ihre situation selbst
mitverursacht haben könnte, wird geflissentlich verdrängt. sie wählt auch
bewusst aus, wem sie in dieser form begegnet. gegenüber menschen, mit
denen zb. ein rivalisierendes verhältnis gepflegt wird, vermeidet frau diesen
modus vollkommen, weil sie dort statt mitleid nur schadenfreude ernten
würde.

wie kommt es zu einem ausgeprägten furien-verhalten? laut jeremias
handelt es sich überwiegend um frauen, die emotional sehr schwach
entwickelt sind. nicht selten haben sie furien-verhalten in ihrem umfeld
erlebt und erkannt, dass man sich damit erfolgreich durchsetzen kann.
dieses verhaltensmuster wird dann übernommen. wenn aggressives furien-
verhalten nun von der umwelt nicht sanktioniert wird, wird es zu einem
dauerhaften verhaltensmuster und kann an intensität massiv zunehmen.
frauen mit hoch entwickeltem empathie-vermögen, eigenverantwortungs-

bereitschaft und einer realistischen selbstwahrnehmung entwickeln diesen
furien-modus kaum.

18. Februar
bauernburschen besonders gefragt

ein berufskollege namens manfred erzählt mir über eine interessante
erfahrung. er hätte schon einige beziehungen gehabt, und nicht wenige
davon waren mit frauen, die bewusst ein besonderes auge auf
bauernburschen geworfen haben. „du lernst sie ja meist näher kennen, sie
erzählen dir von ihren vorhergehenden partnerschaften".

bei drei beziehungen sei ihm aufgefallen, dass die frauen obwohl sie
überhaupt nichts mit land und landwirtschaft zu tun haben, fast
ausschliesslich junge bauern als partner suchen. markant war auch, dass
diese frauen eine zeit lang feuer und flamme waren, allmählich das
interesse verloren und sich wieder aus dem staub machten. bei der ersten
hatte er das nicht verstanden. ab der zweiten war die erfahrung ja nicht
mehr neu.

irgendwann mal zerbrach sich manfred drüber den kopf, was da eigentlich
läuft. auf seine fragen hat er noch keine verbindliche antwort bekommen.
warum suchen bestimmte frauen mit vorliebe bauernburschen? weil sie sie
für naiver hielten? weil sie mehr ertragen würden? Weil sie gutmütiger
wären? weil sie weniger kompliziert seien? weil sie glauben, diese
burschen würden ihr spiel nicht durchschauen?

22. Februar
trennungskultur

kevin und gloria haben sich getrennt. nach ca. zweieinhalb jahren. für kevin
war es etwa die sechste beziehung, für gloria die siebte. warum sich der
prinz und seine prinzessin getrennt haben, weiss niemand so genau. ist aber
nicht so wichtig, es wird für beide nicht die letzte gescheiterte beziehung
sein.

kevin und gloria sind einzelkinder, verhätschelt, behütet, geschützt, von
einer horde angehöriger verteidigt. ihre realitätswahrnehmung ist auffällig,
empathie-fähigkeit de facto nicht vorhanden. konflikt-kultur wurde nie
entwickelt oder gebraucht. frustrationstoleranz und belastbarkeit braucht
man nicht, das kompensieren die eltern gerne. und was auch auffällt, kevin
und gloria sind nie an etwas schuld. verantwortung ist nicht ihr ding. so
lange sie es schaffen, schuldige immer außerhalb der beziehung zu finden,
klappt es mit den beiden. das funktioniert bei kevin und gloria allerdings
nie länger als drei jahre.

ob kevin und gloria glücklich sind, ist schwer zu sagen. finanziell wurden
sie bestens abgesichert. kevin wurde von seinen alten in ein minsterium
hineingeschoben und bekleidet dort einen job, wo er keinen schaden
anrichten kann. gloria hat einen job im zeitschriftenverlag ihres onkels
gefunden. sie leitet die anzeigenabteilung. zumindest pro forma. sie ist so
mit terminen und tagungen und dienstreisen eingedeckt, dass sie selten im
büro ist. eine dauerhafte verantwortungsbewusste tätigkeit ist ihre sache
nicht. sie legt wert auf eine gewisse animation und besonders auf work-life-
balance. der laden wird von einer hervorragenden assistentin geschaukelt,
die sehr gut verdient, aber eben nicht so viel wie die lieblingsnichte vom
onkel. und wenn die leiterin der abteilung wieder mal was verbockt, muss
sie das ausbügeln. das leben ist nicht immer fair.

was kevin und gloria jedenfalls beherrschen, ist eine gewisse
trennungskultur. wird ihre beziehung fade, beginnen sie sich anzuekeln und
kommen zum einvernehmlichen beschluss, dass der jeweils andere schuld
ist. die trennung geht dann schnell, die trauer ist kurz, mit ein bisschen
mitleidsmasche steht schon bald die nächste gloria auf der matte. beide sind
ja nicht unattraktiv. dass sie beide einen knall haben, nehmen die meisten in
dieser beziehungsklasse nicht mehr wahr.

23. Februar
wenn mutterliebe gesundheitsgefährlich wird

werner nimmt ein beratungsangebot in einer beratungseinrichtung wahr. er
behauptet, dass die lebensführung der mutter seiner beiden kinder für
dieselbigen massiv gesundheitsbeeinträchtigend sei. zudem wird ihm seit

drei jahren der kontakt vollkommen verwehrt, er hat aber keine
möglichkeiten mehr, positiv auf ihren gesundheitszustand einfluss zu
nehmen.

in den jahren vor der trennung war es üblich, dass mutter und kinder die
meiste zeit getrennt jeweils in ihrem zimmer vor dem fernseher verbracht
haben. mit den smartphones ist es dann etwas weniger geworden. ist aber
nichts besseres nachgekommen. es hätte schon ein wunder passieren
müssen, wenn sich da inzwischen etwas geändert hätte, die kids jetzt
irgendeinen sport betreiben würden, den weg zur schule (ein knapper
kilometer) zu fuß gehen, oder zumindest hin und wieder die nachmittage im
freien verbringen würden. geht ja nicht, könnte ihnen ja der vater über den
weg laufen. als werner seine kids an den wochenenden noch abholte, bot er
ihnen zwar keine tolles unterhaltungsprogramm, er bemühte sich aber,
möglichst viel zeit mit ihnen im freien zu verbringen und ihnen bewegung
schmackhaft zu machen.

werner beschreibt, wie nicht nur ihm aufgefallen ist, wie sich die
wahrnehmung der kinder, die lebhaftigkeit, der bewegungsdrang, die
motorik negativ verändert haben. das fiel auch in der volksschule auf, beide
kamen zum schulpsychologen und in therapien. und es fiel auf, dass sich in
vier jahren sein sohn dreimal knochen brach und seine tochter zweimal.
anfangs war von sogar von der glasknochenkrankheit die rede. letztendlich
stellte sich heraus, dass die knochen mangels bewegung einfach nicht so
belastbar sind wie die gesunder kinder.

werner hat sich eingehend mit der thematik befasst. für ihn ist das, was da
vor sich geht, ganz einfach logisch nachvollziehbar. wer ständig nur vor
dem computer oder der spielkonsole oder dem smartphone sitzt, hat eine
tolle motorik im daumen oder in den fingern, aber mit gleichgewichts-
gefühl, reflexen, körperbeherrschung wenig am hut. dazu kommt, dass ein
mangel an bewegung im freien die muskulatur schwächt, die für den
knochenbau wichtige natürliche vitamin-d-bildung reduziert und einen
nachweislichen negativen einfluss auf die knochendichte hat. deshalb ist
die wichtigste vorbeuge gegen osteoporose viel bewegung im freien.

menschen mit guter körperbeherrschung rutschen aus und haben bestenfalls
ein paar blaue flecken. haben sie diese körperbeherrschung nicht, brechen

sie sich oft die knochen, zerren sich einen muskel, reißen sich bänder.

werner weiß das. nur die verantwortlichen behörden wollen von solchen
zusammenhängen nichts wissen. eine körperlich und sozial gesunde
entwicklung von kindern falle offenbar nicht unter kindeswohl. wer glaube,
der kindeswohlbehörde ginge es in erster linie um das kindeswohl, der sei
laut werner sowieso für seine naivität zu bedauern. es ginge, so habe er es
erfahren, immer um das mütterwohl. und wenn mutter ruhe haben wolle,
dann sei es eben am besten, wenn die kids mit jeweils einem eigenen
fernseher in ihrem zimmer ruhig gestellt werden. basta.

29. Februar
das chat-opfer

beim chatten lerne ich marlene kennen. nach ein paar tagen erhalte ich
einen anruf. sie und ihr mann wären gerade in der nähe und würden
vorbeikommen, wenn ich zeit hätte. überrascht sagte ich zu. am selben
nachmittag besuchten sie mich noch. wir unterhielten uns und gingen in
den keller, um moste und weine zu probieren. wir unterhielten uns
ausgezeichnet.

marlene und ihr mann siegfried erzählten mir ihre geschichte. siegfried
studierte theologie mit dem ziel pfarrer zu werden. im letzten studienjahr
ging er abends noch schnell mal raus, um zigaretten zu holen. im lokal lief
er dabei marlene über den weg.

siegfried brach das studium ab, sie heirateten. siegfried heuerte bei einem
technologie-unternehmen an. obwohl kinder anfangs nicht zur debatte
standen, bekamen sie plötzlich lust auf eines, kurze zeit später auf ein
zweites.

drei jahre hörte ich von siegfried und marlene nichts mehr. eines tages, ich
befand mich zufällig wieder im keller, diesmal arbeitend, nicht wein-
kostend, läutete mein telefon. marlene war am telefon und erzählte mir, was
sich inzwischen ereignete. sie hätte in ihrer freizeit mit gott und der welt zu
chatten begonnen. siegfried kam mit diesem hobby seiner frau immer
weniger klar. es kam zur scheidung, wobei sie auch nach der scheidung

immer noch ein gutes einvernehmen hatten. sie unterstützte ihn auch im haushalt. trotz allem kam siegfried mit dieser situation nicht zurecht und nahm sich nach einiger zeit das leben.

4. März
beziehungsunfähig?

warum sind wir alle so beziehungsunfähig? diese frage stellte sich ein deutscher radiosender. der versuch einer antwort drauf wurde dann etwas länger ...
1. weil wir einem oft nicht erfüllbaren beziehungsbild nachhängen.
2. weil wir ansprüche stellen, die nicht oder schwer erfüllbar sind.
2.1. weil wir glauben, dass all unsere wünsche unbedingt von einem partner erfüllt werden müssen.
3. weil wir mehr nutzen aus einer beziehung ziehen wollen als selber zu geben bereit sind.
4. weil wir menschen, die uns eigentlich gut täten, aus welchem grund auch immer vorher wegfiltern.
5. weil wir kein wirkliches bedürfnis für eine beziehung haben.
6. weil wir uns selber wichtiger sind als potentielle partner und -innen.
7. weil wir ein unrealistisches selbstbild und eine irreale selbstwahrnehmung haben.
8. weil wir das gefühl für menschen, die uns gut tun, verloren haben.
9. weil wir irgendwie das grundvertrauen verloren haben auf menschen zu treffen, denen wir trauen können.
10. weil wir nicht mehr so belastbar und belastungswillig sind wie unsere eltern- und großelterngeneration.
11. weil wir glauben, wir müssten eine partnerin oder einen partner in besitz nehmen und oder ihn/sie unter kontrolle bringen.
12. weil wir uns gerne bemitleiden lassen und nie selbst an was schuld sind.
13. weil wir so gerne an die große liebe, die märchenfee und den märchenprinzen glauben.
14. weil wir die wichtigsten kommunikativen fähigkeiten nicht beherrschen.
15. weil wir die wichtigsten psychologischen fähigkeiten nicht beherrschen.
16. weil wir eigentlich keinen partner suchen, sondern einen sündenbock, der an unserem unglück schuld ist.

17. weil wir ein problem haben, uns selbst zu lieben und anzunehmen.
18. weil immer mehr menschen die kontrolle über sich verloren haben und
gelernt haben, mit durchknallen ihre umgebung erfolgreich zu terrorisieren.
19. weil wir uns nicht im klaren sind, war wir wirklich wollen.
20. weil wir nicht artikulieren können oder wollen, was wir wollen.

es besteht kein anspruch auf vollständigkeit.

6. März
sozial-nutte

bin mal wieder mit einem schlimmen fall konfrontiert. trennungssituation.
die kinder wurden planmäßig vom vater entfremdet. natürlich gibt es
meinungsverschiedenheiten, der ton ist oft nicht freundlich.

für den vater gab es keine erklärung, warum seine kinder ihn nicht mehr
sehen wollen. doch jetzt gibt es eine spur. die mutter liest die zweifellos
unangenehme korrespondenz vom vater, die eigentlich nicht für seine
kinder bestimmt ist, abends den halbwüchsigen vor. ihre eigenen
unfreundlichkeiten liest sie ihnen nicht vor. sie ist ja die gute. natürlich
haben die kids fallweise schlafstörungen. aber das ist nicht so schlimm,
denn es gibt ja einen, der dran schuld ist.

der vater käme nie auf die idee, das fallweise durchgeknallte verhalten oder
die äußerungen der mutter den kids auf die nase zu binden. aber jetzt gibt es
eine erklärung, warum die mutter dieses spiel spielt. eine durchgeknallte
sozialarbeiterin hat der mutter empfohlen, sie möge doch die kids mit den
toll negativ interpretierbaren äußerungen des vaters konfrontieren. damit
könne man bei den kids so viel hass aufbauen, dass die den kontakt zum
vater vollkommen unterbrechen. wenn kein kontakt da ist, können sich die
kids auch nicht verplappern. und die dame kann ihr durchgeknalltes spiel so
weiterspielen.

rechtlich kommt man gegen dieses intrigante spiel de facto nicht an. die
psychischen folgeschäden sind dem system ohnehin egal. auch in der
schule hat man immer einen sündenbock, den man präsentieren kann, wenn
die kids auffällig werden. wenn es die mutter ausreizt, schafft sie es mit der

zeit, die geschichte so zu drehen, dass der vater am abgebrochenen kontakt
schuld sein müsse, und er sich nie um die kids gekümmert hätte.

mit sozialarbeit für kinder hat die arbeit einer durchgeknallten
sozialarbeiterin einer sog. sozial-nutte, wie sie der vater der kinder jetzt
bezeichnet, nichts zu tun.

8. März
weltfurientag

8. märz ist weltfrauentag. stefan stösst das sauer auf. dieses permanente
weibliche anbiederungsgeschwafel schon eine woche vor dem 8. beginnend
geht ihm ordentlich auf den keks. stefan würde lieber einen weltfurientag
einführen. dass auch die leute etwas zu feiern haben, die sich als opfer von
frauen fühlen.

stefan fühlt sich ein bisschen als opfer. er will es nicht zugeben, aber man
merkt es ihm an.

zweimal ist stefan bereits in beziehungen gelandet, die anfangs toll waren.
als sich ein gewisses abhängigkeits- oder naheverhältnis ergab,
entwickelten sich seine partnerinnen zu furien. aus seiner perspektive sieht
er das jedenfalls so.

die situation sei paradox, so stefan. als mann musst du dich an alles halten.
bei frauen ist das wurscht. wenn ein mann in trennungssituationen etwas
sagt, wird alles was er sagt, sofort in frage gestellt, oder auf die goldwaage
gelegt. sagt eine frau was, wird das sofort als wahr und richtig
angenommen. passiere einem mann ein fehler, kriegt er sofort eine auf den
latz. macht eine frau einen fehler, scheinen sich verantwortliche in einem
künstlichen tiefschlaf zu befinden.

manchmal kam sich stefan vor wie im falschen film. würde eine frau
schwerwiegende drohungen aussprechen, passiere gar nichts. verliert ein
mann ein verkehrtes wort oder sagt er was missverständliches, müsse er
damit rechnen, dass plötzlich die rasche eingreiftruppe der polizei wega vor
der tür steht, er weggewiesen werde, liebe briefe von rechtsanwälten und

behörden eintrudelten. wie er zu dieser ansicht kommt, kann ich in dieser
intensität zwar nicht nachvollziehen, aber es ist sein subjektiver erfahrungs-
horizont. ob stefan schon erfahrungen mit der wega gemacht hat, ist mit
nicht bekannt. mit einem gewissen drohszenario dürfte er jedenfalls
konfrontiert gewesen sein.

stefan ist nun ziemlich vorsichtig geworden. frauen lässt er keine mehr an
sich heran. die spiele der frauen kenne er nun gut genug. sich totstellen,
ausrasten, nach belieben neue sündenböcke erfinden, nie für etwas
verantwortlich sein wollen und das spielen einer scheinbar perfekten
opferrolle. und die meisten fielen darauf rein.

stefan betreibt nun selbstschutz. vorsicht sei die mutter der porzellankiste.
ganz scheint er aber die hoffnung noch nicht aufgegeben zu haben, dass es
noch irgendwo eine frau gibt, die einigermaßen rund läuft. so drückt es
zumindest stefan aus. ich bleibe mit ihm in kontakt und hoffe für ihn das
beste.

10. März
der weibliche orgasmus

als fallweiser leser der zeitschrift woman ist mir wieder mal ein artikel über
den weiblichen orgasmus in die hände gefallen. ich wollte das nicht
unkommentiert lassen und schrieb folgendes auf die feedback-seite:

sehr geehrte damen

*fallweise lese ich woman, "verfolge" sie aber überwiegend auf facebook.
ich hoffe, meine beiträge stören dort nicht. mir fällt auf, wie immer wieder
um das thema "weiblicher orgasmus" herumgeeiert wird. wirklich in die
tiefe gehen die artikel meist nicht. natürlich könnte man einem mann die
kompetenz absprechen, sich zum thema "weiblicher orgasmus" zu äußern,
vielleicht ist die männliche sichtweise dazu auch durchaus befruchtend.*

*mir ist noch keine frau untergekommen, die orgasmus-unfähig war. der
weibliche orgasmus setzt verschiedene dinge voraus. wenn eine frau das
noch nie erlebt hat, und auch nicht weiß, wie sie den prozess dorthin*

unterstützen kann, wird es schon mal schwierig. wenn frau nicht bei der sache ist oder irgendwelche ängste das empfinden trüben, wird es auch schwer. kann sich frau beim akt fallen lassen, ist das viel einfacher. dann kommt ein biologisches problem dazu. frauen müssen meist erheblich länger stimuliert werden als männer, um einen orgasmus zu bekommen. das hat einen biologischen sinn. wäre das weibchen schneller befriedigt und würde es den akt dann abbrechen, käme es zu keiner besamung. der biologische hintergrund von sex ist immer noch die vermehrung der eigenen art. ohne erfolgte besamung wären wir schon längst ausgestorben.

empfinden frauen den fallweise nicht oder überhaupt nicht eintretenden orgasmus als mangel oder ist es die medial publizierte erwartungshaltung, als normale frau müsse man unbedingt immer einen orgasmus haben? bei dem drittel ohne regelmäßigen scheitert das vielleicht zum teil auch daran, dass gar kein partner vorhanden ist. die könnten ihn sich dann höchstens selbst besorgen. es gibt keinen ernstzunehmenden grund, warum dieses glückserlebnis single-frauen (und -männern) vorenthalten sein soll.

warum soll eine frau keinen orgasmus vortäuschen? wenn eine frau das gefühl hat, ausreichend befriedigt zu sein, soll sie das artikulieren können. wenn sie das gefühl hat, einfach zu verkrampft zu sein? weil sie angst hat, die blase könnte sich dabei entleeren, weil ihr das peinlich ist? weil der akt schmerzhaft geworden ist? weil sie irgendwie das gefühl hat, dass das heute nix wird.

vielleicht ist es ihnen möglich, frauen und männern klarzumachen, dass ein orgasmus ein schönes erlebnis ist, aber kein unbedingtes leistungskriterium für männer und frauen. möglicherweise macht es mit weniger leistungsdruck auch mehr spass. vielleicht sagt manche frau nach dem höhepunkt des mannes einfach "du das passt jetzt so", knuddelt ihn und befreit ihn von der angst, sie nicht befriedigt zu haben.

mfg hans kreimel
landwirt, forstwirt, bioobstbauer, blogger
(zwecks fundierung meiner kompetenz zu diesem thema)

11. März
verhetzungsstrategie

alfons ist einer vieler väter, die schon langjährig mit kindesentziehung
konfrontiert sind. seine drei kinder sieht er schon seit mehr als zwei jahren
nicht. kontaktdaten hat er keine mehr, weil die mailadressen und
telefonnummern seiner kids inzwischen geändert wurden. auf den
bekannten adressen und nummern antwortet jedenfalls niemand mehr. er
weiss auch nicht, wo seine kids wohnhaft sind. das einzige was alfons noch
hat, ist die kontonummer, auf die er den unterhalt überweisen muss. wenn
alfons abends mit einem bier im freien sitzt und den sternenhimmel
beobachtet, denkt er dran, das da draußen irgendwo seine kids ihrem leben
nachgehen. alleine, denn er wurde wegrationalisiert.

alfons hat inzwischen durchschaut, wie man väter gründlich
wegrationalisieren kann. die mutter darf sich dabei die hände nicht
schmutzig machen. um die kinder vom vater abzunabeln, muss fürs erste
der kontakt zum vater unterbunden werden. sonst funktioniert die
entfremdungsstrategie nicht. dann wird der vater angefeindet, alle
möglichen sachverhalte konstruiert, für alles mögliche der vater als
sündenbock hingestellt. emotional wird in die tiefste schublade gegriffen.
von behörden hat die mutter nichts zu befürchten. alles was sich irgendwie
mit kindeswohl tarnen lässt, ist erlaubt. sitzt der hass-, wut- und zorn-virus
bei den kindern tief genug, muss die mutter nur mehr dafür sorgen, dass
keine weiteren kontaktmöglichkeiten zum vater bestehen. räumliche
trennung, mailadressen und telefonnummern ändern, ...

alfons hat sich mit den verhetzungs-methoden von frauen in
trennungssituationen intensiv auseinander gesetzt. dinge werden aus dem
zusammenhang gerissen. sie stellt sich als die gute dar, er sei der böse. von
abenteuerlichen schuldzuweisungs-konstruktionen habe er erfahren.
personen, von denen er nicht sagen könne, ob sie real existieren oder
praktischerweise von der mutter erfunden wurden, werden ins treffen
geführt.

bei behörden zu intervenieren hat alfons aufgegeben. denen sei das so was
von egal. aber wehe, dieses spiele würde ein mann mit seiner ex-frau
spielen, dann werden diese typen wurlerd. alfons hat das schon mal

beobachtet, er traute seinen augen nicht.

15. März
er oder sie spinnt

sie kennen den spruch sicher: er oder sie spinnt schon wieder. es liegt in der natur der sache, dass man mal nicht in seiner mitte ist, nicht rund läuft und nicht nachvollziehbare unmutsäußerungen von sich gibt. die dosis macht das gift. spinne ich einen tag lang oder eine woche lang oder ein ganzes monat?

john gray hat sich mit dem emotionalen konfliktverhalten auseinander gesetzt.

er beschreibt das verhalten von männern und frauen ganz unterschiedlich. männer sind wie gummibänder. sie lassen mal mehr, mal weniger nähe zu. wenn sie spinnen, ziehen sie sich in ihre hütte zurück. jeder versuch der näherung in der quarantäne-phase ist zwecklos. und wenn sie darüber hinweg sind, kommen sie wieder raus.

frauen sind wie wellen. einmal himmelhoch jauchzend, dann wieder zu tode betrübt. in wellen, die drei bis fünf wochen dauern können. wenn sie in ihr tief fallen, können sie ihr nicht helfen. sie wird jede hilfe verweigern. sie muss selbst durch das tal durch. erst dann kommt sie wieder in neuer frische zurück.

die höhen und tiefen sind unterschiedlich hoch und tief und unterschiedlich lang. manchmal wird daraus auch ein dauertief, das ein zusammenleben erheblich erschwert wenn nicht unmöglich macht. das problem lösen zu wollen ist genausowenig sinnvoll wie ein totes pferd zu reiten. das ist fallweise schwierig zu akzeptieren, letztendlich aber unausweichlich.

einer der häufigsten konfliktursachen ist der glaube von männern, dass frauen wie männer funktionieren (müssen), und frauen glauben, dass männer wie frauen funktionieren (müssen). es ist vermutlich schon viel erreicht, wenn jeder selber weiß, wie er funktioniert.

auffällig ist weiter, dass männer in konfliktphasen weniger reden und frauen immer mehr reden. da die äußerungen von frauen in konflikt-phasen immer emotionaler werden, werden sie für männer immer weniger verständlich.

16. März
naiv

es ist wirklich naiv zu glauben, dass eine frau die spielchen, die sie mit ihren ex-männern treibt und getrieben hat, nicht eines tages auch mit dir spielen wird.

21. April
die baby-leiche

eine besonders erschütternde geschichte erzählt mir leopold. leopold lebte in einer beziehung mit einer frau und einem kind. die frau war zeitweise auffällig psychisch labil und mal mehr und mal weniger übergewichtig. er störte sich nicht dran und beachtete das oft auch gar nicht.

eine zeit lang fiel ihm auf, dass sie sich überhaupt nicht beim essen zurück halten konnte und wieder etwas rundlicher wurde. dann schien sie sich wieder besser unter kontrolle zu haben und war relativ rasch wieder etwas dünner. er schöpfte keinen weiteren verdacht.

sechs wochen nachdem er wahrnahm, dass sie wieder etwas schlanker sein würde, fand man im naheliegenden wald in einem plastiksack eine babyleiche. mit dabei ein handtuch. leopold schöpfte nicht weiter verdacht. er hatte sich jedoch den zeitungsartikel mit dem bild des gefundenen handtuchs aufgehoben und in einer ablage abgelegt, weil sich der vorfall ja in seiner nähe abspielte. auch der geschichte seiner freundin, sie wäre einmal an ihrem arbeitsplatz von zwei kollegen sexuell belästigt worden, schenkte er keine besondere aufmerksamkeit.

drei jahre später, es kam inzwischen zu einer ziemlich schmerzhaften trennung, sortierte leopold seine ablage durch und stieß auf den artikel von der babyleiche. plötzlich schien sich für leopold aus kleinen teilen ein ganzes bild zusammen zu fügen. der bauch seiner damaligen freundin könnte kein zufall gewesen sein. die freundin könnte damals ein verhältnis mit einem arbeitskollegen gehabt haben, das als übergriff zu erklären versucht wurde. die polizei habe keine dna-spuren feststellen können, weil die babyleiche schon mehrere wochen verweste. was leopold spanisch vorkam, weil man heute bei kleinsten gewebemengen, die oft mehrere tausend jahre alt sein konnten, dna isolieren könne. zudem erkannte leopold sein handtuch von einer baustelle wieder. es musste aufgrund der musterung das gleiche oder das selbe handtuch gewesen sein. wäre es das selbe handtuch gewesen, hätte man bauschmutz und sogar dna von leopold darauf finden können, weil das handtuch so gut wie nie gewaschen wurde.

dreimal wandte sich leopold mit seinen informationen an die polizei. dreimal wurde sein anliegen ignoriert. leopold glaubt nicht grundsätzlich an verschwörungen. in diesem fall ist er sich aber nicht ganz sicher. könnte es sein, dass die polizei mehr weiß, als sie öffentlich zugibt? könnte es sein, dass hier jemand etwas zu vertuschen hat, weil auch ein lokaler promi in die geschichte involviert ist?

leopold erinnert sich immer wieder an eine meldung seiner freundin während der schwangerschaft ihres gemeinsamen kindes. „wenn es ein mädchen wird, nehm ich es und leg es der schwiegermutter vor die tür. ich will kein mädchen“. er wurde tatsächlich ein bub. die babyleiche war, so viel konnte man feststellen, ein mädchen.

24. April
verhetzung okay

wieder kommt mir eine vollkommen schwachsinnige geschichte unter.

es geht um verhetzung. der tatbestand wird nicht mit gleichen maßstäben verfolgt.

äußert sich ein mann in irgendeiner form kritisch über ausländer, flüchtlinge oder muslime, muss er damit rechnen, sofort wegen verhetzung verfolgt zu werden.

verhetzt eine mutter ihr kind, so dass es den vater nicht mehr sehen will, ist das total okay und in ordnung. das system unterstützt mutter und kind sogar dahingehend, dass das kind den vater nicht mehr sehen "muss". wobei nicht nur die mutter als potentielle verhetzerin in frage kommt. auch die eltern der mutter, geschwister wie auch halbgeschwister, freundinnen der mutter oder berater wie beraterinnen zwielichtiger organisationen können als verhetzer auftreten.

rechtlich ist es äußerst schwierig, solche verhetzungen zu identifizieren, geschweige denn die verursacher herauszufinden und zur verantwortung zu ziehen. ich kenne einen fall, in dem das innerhalb eines jahres nicht gelungen ist.

25. April
warum unsere kinder tyrannen werden

michael winterhoff beschreibt in seinem buch "warum unsere kinder tyrannen werden" die mechanismen und ursachen für diese fehlentwicklung. ein zweites buch mit dem titel „tyrannen müssen nich sein" folgte. die öst. psychologin leibovici-mühlberger hat nun ein werk mit dem titel "wenn die tyrannenkinder erwachsen werden" veröffentlicht. der gedanke ist jedoch fortsetzbar. wenn tyrannenkinder zu tyranneneltern werden. beziehungsgestört. nicht mit sich selbst klar kommend. unfähig zur selbstreflexion. nicht belastbar. nicht schuldfähig oder schuldeinsichtig. keine verantwortung tragen wollend. pech gehabt, wenn sie bei einem solchen partner oder einer solchen partnerin landen ...

16. Mai
muttertag

etwas spät, aber der gedanke an den muttertag lässt mich nicht los.

muttertag, ein anlass, um der mutter dank zu sagen. was geht andererseits in menschen an diesem tag vor, die keine glückliche, vielleicht sogar eine höchst dramatische beziehung zu ihrer mutter hatten?

mütter bemühen sich in den meisten fällen. es wird manchmal aber nicht so wahrgenommen. mütter sind keine ausgelernten hochschulpädagogen. und selbst die bringen es mit ihren kindern oft genug nicht auf die reihe. mütter können sich in den meisten fällen nur auf die erfahrungen verlassen, die sie selbst in ihrer entwicklungsgeschichte erfahren haben. die sind manchmal mehr, manchmal weniger, manchmal überwiegend positiv, manchmal überwiegend negativ. und dann gibt es welche, die sind belastbarer und solche, die sind weniger belastbar.

mutter zu sein ist überhaupt nicht einfach.

17. Mai
beziehungsglück

wie schaffen es menschen in beziehungen dauerhaft glücklich zu sein? gibt es ein rezept dafür? oder sind es soft skills, die unsere glückswahrscheinlichkeit steigern oder senken?

ich begebe mich auf die suche nach einer antwort. in weniger als 10 min hat sich das mindmap mit 20 gedanken gefüllt. nur wo fang ich an ...

wohlfühlend oder abstossend?

wie fühle ich mich neben dem partner **(bezieht sich im folgenden immer auch auf partnerin!)**? das ist jetzt gar keine bewusste entscheidung oder etwas was ich steuern könnte. es ist ein grundgefühl, das einfach da ist. verursacht die anwesenheit des partners ein wohlgefühl oder neige ich zu verkrampfungen und einem flauen gefühl im magen? ist mein partner wie es gray formuliert ein richtiger seelengefährte? lässt sich dieses nicht-mehr-wohlfühlen in einer längeren beziehung positiv beeinflussen? ist das sich-nur-mehr-auf-die-nerven-gehen noch heilbar?

wie kommunizieren wir?

bin ich in der lage, meine wünsche, eindrücke, gedanken so zu formulieren, dass sie für den partner begreifbar werden? ist der partner grundsätzlich bereit, meine botschaften anzunehmen? weiß ich überhaupt, was ich will?

kann ich botschaften annehmen, ohne sie sofort als schuldzuweisung zu verstehen?

männer sind vom mars, frauen von der venus ...

john gray hat sich intensiv mit typisch männlichem und weiblichem verhalten auseinander gesetzt. kann ich akzeptieren, dass das andere geschlecht andere wertvorstellungen und wahrnehmungen hat als das eigene? dass das andere geschlecht anders kommuniziert, mit konflikten anders umgeht? mit nähe anders umgeht? führt mehr nähe vielleicht auch zu mehr konflikten? kann ich akzeptieren, dass der andere anders ist?

wer ist schuld?

wie gehe ich in beziehungen mit der schuldfrage um? ist immer der andere schuld? muss ich immer schuld wegargumentieren, hin- und herschieben? müssen andere immer das problem lösen oder versuche ich so weit wie möglich, mein problem selbst oder ein gemeinsames problem gemeinsam zu lösen? bin ich ein eigenverantwortlicher mensch, der sich zuerst fragt, was könnte ich falsch gemacht haben, und nicht sofort jede schuld von sich schiebt?

konflikte können auch auf missverständnisse, unterschiedliche vorstellungen, definitionen und erfahrungen zurückzuführen sein. es kann auch mal vorkommen, dass keiner von beiden schuld ist. schafft man es, sich dafür ein regelwerk zu schmieden?

welche rolle spielen beziehungserfahrungen?

wie prägt das erleben der elterlichen beziehung unseren umgang mit beziehungen? wie die beziehung der kinder zu den eltern oder großeltern? was lernen wir aus beziehungen in unserer umgebung? der blick von außen ist mit sicherheit wesentlich lehrreicher als eine beziehungserfahrung, in der man selbst aktiv ist. welche eigenen beziehungserfahrungen machen wir? braucht wirklich jeder sieben partner, bis er in einer glücklichen beziehung landet? im schnitt wahrscheinlich schon. nur wenn es den einen in der ersten beziehung schon gelingt, den menschen fürs leben zu finden, wieviele müssen dann 14 und mehr kennenlernen, um (vielleicht) eine dauerhafte glückliche beziehung zu finden?

gehe ich mit falschen erwartungen in eine beziehung?

sind meine erwartungen und wünsche überhaupt erfüllbar? richard david precht meint, dass die vorstellung von einer dauerhaften romantischen liebe erst vor ein paar hundert jahren erfunden wurde. und dass sie auf dauer gar nicht funktionieren könne, weil man (sinngemäß) sonst hoffnungslos verblöden würde.

entspricht mein selbstbild auch dem bild, wie ich vom partner wahr genommen werde? sollte da eine gewisse diskrepanz vorhanden sein, ist eine gewisse ent-täuschungs-gefahr gegeben. je nach persönlichkeits-struktur nehmen wir eher unsere positiven seiten oder unsere negativen seiten wahr. für nicht wenige menschen ist es schwierig, beides an sich wahrzunehmen.

wie ausgewogen ist mein selbstbewusstsein? unterentwickelt oder übersteigert?

wie ausgewogen ist eine beziehung?

versucht jeder so viel zu geben, wie er bekommt oder erwartet? ist mir der partner genauso wichtig wie ich mir selbst? darf jeder auch seine eigenen werte haben?

wie ist die beziehung grundsätzlich angelegt?

ist eine beziehung eher partnerschaftlich angelegt oder darf ein partner auch etwas dominant sein? oft finden sich dominante und rezessive menschen und beide fühlen sich dabei wohl. was passiert, wenn sich diese neigung ändert? wenn der rezessive zb. mehr selbstbewusstsein erwirbt?

darf jeder für sich freiräume beanspruchen?

wie beeinflusst die umwelt eine beziehung?

andere familienangehörige? in welcher entfernung? vielleicht in der selben

wohnung? welchen einfluss hat beruf und karriere? wie wichtig sind uns
die gazetten, die uns erklären, wie schlank wir zu sein haben und was für
uns gesund und richtig ist?

wie verändern wir uns innerhalb der beziehung und mit den jahren? wieviel
gemeinsames bleibt, wieviel geht verloren? was passiert, wenn das kleinste
gemeinsame verloren geht?

eine erste annäherung zum thema, viele fragen, aber kein rezept.

18. Mai
das mohr-prinzip

eine sehr bedenkliche nachricht hab ich von anton bekommen. da sich
beziehungsmuster immer wieder wiederholen, ist ihm aufgefallen, dass
auch er immer in ein bestimmtes beziehungsmuster hinein gerät. anton
nennt es das mohr-prinzip.

anton ist ein angenehm wirkender mann, der sich sehr bemüht, seinen
partnerinnen ein entspanntes sorgenfreies leben zu bieten. anton gerät oft an
frauen in schweren belastungssituationen. scheidung, verlust eines nahen
angehörigen und anderes. anton kümmert sich intensiv um seine
partnerinnen. hintereinander, nicht nebeneinander. nie mehr als eine zur
gleichen zeit.

es dauert oft lange, bis die wunden seiner partnerinnen verheilen und sie
wieder zu selbstbewussten stabilen charakteren werden. auffällig ist, dass
mit dem wiedererlangen des selbstbewusstseins das interesse der frauen an
ihm merklich nachlässt. anfangs konnte er sich keinen reim drauf machen.
inzwischen kennt er den mechanismus. er bezeichnet es als das mohr-
prinzip. kennen Sie das mohr-prinzip?

der mohr hat seine schuldigkeit getan. der mohr kann gehen!

19. Mai
nachhilfe

ein gewisser betram kontaktiert mich und fragt mich um rat. er habe eine
besuchsrechtsvereinbarung, in der auch festgelegt sei, dass die beiden
elternteile neben dem kind nicht über den anderen schimpfen dürfen. was er
auch nie getan habe. bertram habe sich sehr wohl über den beruf der mutter
in einem sozialen medium äußerst negativ geäußert, habe sie aber nie
namentlich genannt. auch habe sein sohn keinen zugang zu diesem
medium, hätte das also von sich aus nicht erfahren dürfen. irgendwer muss
da nachgeholfen haben. das kind weiss nun, dass er über seine mutter
öffentlich schimpfe. wurde es mündlich weiter gegeben oder ausgedruckt
und dem kind in die hand gedrückt? bertram weiss es nicht. er wurde nur
dahingehend informiert, dass er gegen die auflagen der besuchsrechtsvereinbarung verstoßen habe und die regelung damit bis auf weiteres
ausgesetzt werde. leider konnte ich ihm in dieser situation keinen guten rat
anbieten. aber die adresse von rat&hilfe hab ich ihm gegeben. die wissen
besser bescheid.

25. Mai
hormonelle verhütung und ihre folgen

wieder einmal bestätigt wurde der umstand, dass hormonelle
verhütungsmethoden zu unglücklichen folgen führen können.

anlass war ein vortrag einer psychologin, die über aktuelle erkenntnisse der
hirnforschung berichtete. demnach suchen frauen instinktiv partner, die sich
genetisch möglichst stark von ihr selbst unterscheiden. dieser mechanismus
hat sich im laufe von ca. 100 000 jahren offensichtlich bewährt.

wird eine frau schwanger, ändert sich diese orientierung auf individuen, die
möglichst ähnliche gene haben wie sie, d.h. sie wendet sich nun möglichst
ihrer eigenen sippe zu ihrem schutz und zum schutz des nachwuchses zu.
auch das hat sich über lange zeit bewährt.

verhütet eine frau nun hormonell, täuscht sie dem körper eine
schwangerschaft vor und sie sucht bei der partnerwahl instinktiv ähnliche

genetische partner. setzt die frau die verhütung ab, kann es vorkommen,
dass der körper blockiert und instinktiv eine schwangerschaft vermeiden
will. die folge kann ein über jahre unerfüllter kinderwunsch sein. kommt es
zu einer schwangerschaft, ist die wahrscheinlichkeit von missbildungen
signifikant höher. häufig können frauen nach absetzen der hormonellen
verhütung den partner plötzlich nicht mehr riechen und es kommt zu einer
auffällig hohen zahl von trennungen.

30. Mai
kinder-mafia

klaus-jürgen wohnt im deutschen sprachraum, wo genau, will er nicht
erwähnt wissen. da er sich inzwischen mit leidensgenossen aus anderen
ländern kurzgeschlossen hat, legt er wert auf die feststellung, dass das, was
er erlebt hat, genauso in der schweiz in in österreich passieren hätte
können.

klaus-jürgen ist vater eines sohnes, den er seit 14 monaten nicht mehr
gesehen hat. aber beginnen wir von vorn. vor etwa 2 jahren hatte sich
klaus-jürgen von der mutter seines sohnes getrennt. es gab zuletzt schon
zoff, aber nicht wirklich tragisches. kurze zeit nach der trennung wurde
klaus-jürgen aufs jugendamt zitiert, weil die mutter mehr unterhalt wollte.
klaus-jürgen ist klein-unternehmer, hat keine verbindlichkeiten und kommt
mit einem umsatz von 60 000,- für seine dienstleistungen im jahr ganz gut
über die runden. etwas verwundert war er deshalb, als ihm der dickliche
herr auf dem jugendamt etwas von eur 900,- an unterhalt im monat
eröffnete. das wären immerhin fast 20 % seines umsatzes, nicht seines
einkommens. das liege an seiner art von unternehmen. da kommt nicht das
einkommen zum tragen, sondern die bemessungsgrundlage für die
sozialversicherung und die sei bei ihm eben so hoch. klaus-jürgen war nun
etwas verdattert.

als der rundliche herr auf dem amt dann meinte, er habe einige kunden, von
denen er wisse, dass er ihnen erheblich mehr unterhalt vorschreibe, als sie
überhaupt einkommen hätten, dachte sich klaus-jürgen irgendwie, was das
doch für ein sonderbares arschloch sei.

klaus-jürgen ist jetzt aber froh, dass er mit eur 400,- unterhalt im monat durchkommt, 8 % seines umsatzes. derzeit geht 25 bis 40 % seines einkommens für den unterhalt drauf, je nachdem welches jahreseinkommen er erzielt. klaus-jürgen ist sparsam. von seiner ferienwohnung wird er sich trennen, um bis zum ende der unterhaltspflicht nicht in eine finanzielle schieflage zu kommen.

vor 14 monaten spießte es sich mit mutter und kind. sein sohn wollte ihn plötzlich nicht mehr sehen. und seitens der mutter wurden drohungen bekannt, die eine gewisse gefährdung des kindes durch die kindesmutter erwarten ließen. klaus-jürgen fürchtete einen massiven übergriff der frau auf das kind. er brachte eine mehrseitige darstellung seiner befürchtungen beim jugendamt ein. dann passierte vorläufig mal nichts. obwohl er gefahr in verzug sah, dauerte es vier wochen, bis die behörde die erste dokumentierte amtshandlung setzte, einen hausbesuch bei der mutter. vier wochen saß klaus-jürgen auf glühenden kohlen, in der angst, die mutter könnte in einer paniksituation dem kind schaden zufügen. was da an übergriff möglich gewesen wäre, darüber will er sich nicht äußern. die verhaltensmuster der mutter wären weit außerhalb von dem was sich menschen mit gesundem menschenverstand vorstellen könnten.

die behörde hatte es auch sonst nicht eilig. fast viereinhalb monate brauchte sie, um zu einer abschließenden bewertung der situation zu kommen. die hat ihn umso mehr verwundert, weil seine bedenken vollkommen umgedreht wurden. die mutter wäre demnach nun überhaupt keine gefahr mehr für das kind. das kind wäre plötzlich überhaupt nicht mehr verhaltensauffällig, und der einzige, der an allem schuld sei, wäre er selber.

offenbar infolge des einflusses der mutter, des jugendamts und von dritten, die klaus-jürgen abwertend als linke bazillen bezeichnet, verweigert das kind seit 14 monaten jedweden kontakt mit ihm. ein verfahren wegen eines besuchtsrechts läuft, nur stellt klaus-jürgen zunehmend den sinn einer solchen regelung in frage, denn wie sollte er dagegen ankommen, wenn ein kind permanent verhetzt wird?

seine erfahrungen mit dem jugendamt werden nicht besser. nach einer beschwerde, weil die mutter des kindes ihren informationspflichten nicht nachkommt, und der frage, ob es diesbezüglich sinnvoll sei, einen teil des unterhalts einzubehalten, bis die pflichten erfüllt sind, musst du schon damit rechnen, dass dich der füllige herr dort gleich wie einen schwerverbrecher behandelt, erzählt er.

auch die medizinische kompetenz der behörde stellt klaus-jürgen infrage. nach einer seiner meinung schweren verletzung des kindes erfährt er vorerst einmal gar nichts. kein unfallbericht, keine medizinischen unterlagen. der dickleibige herr vom amt bagatellisiert den beinbruch als harmlos. ob er harmlos war, kann aber niemand sagen, denn wenn die beine dann verschieden schnell wachsen, und eines dann um vier cm länger wird als das andere, so wie es einem bekannten von klaus-jürgen passiert ist, dann sollte man in der folge wohl eher von einer schweren körperlichen behinderung ausgehen als von einem harmlosen unfall. der herr vom amt scheint jedenfalls seine narrenfreiheit zu genießen.

was er nun unternehme, frage ich klaus-jürgen. er sei sich derzeit nicht sicher. gegen das amt vorzugehen, sei ziemlich sinnlos. die tun sich alle gegenseitig nicht weh. am ende bist immer du der gelackmeierte. beruflich habe er öfter mit der presse zu tun, wenn er zb. werbeinserate schalte. er wolle sich nun umhören, ob sich redaktionell jemand für seine geschichte interessiere. klaus-jürgen sieht kaum noch chancen, dass eine medienkampagne ihm noch nützen werde, aber wenn es ihm gelänge bestimmten leuten mit bestimmten praktiken das handwerk zu legen, dann könne er damit vätern in zukunft einiges ersparen, hofft er.

ähnlichkeiten zu personen und vorfällen, die in österreich vorkommen, sind rein zufällig und nicht beabsichtigt.

2. Juni
frauen verstehen

am rande eines seminars lerne ich franz kennen. er erzählt mir eine angeblich wahre geschichte. ob sie wirklich wahr ist, dafür würde ich die hand nicht ins feuer legen.

franz war etwa 14 tage vor unserem gespräch auf der bundesstraße 1 zwischen melk und st. pölten unterwegs. plötzlich sieht er einen frosch am straßenrand sitzen. er bleibt stehen, hilft dem frosch über die straße. auf der anderen seite angekommen dreht sich der selbige um und beginnt zu reden. „herzlichen dank", sagt er. „du hast mir das leben gerettet. du hast einen wunsch frei".

franz ist ob des sprechenden frosches vollkommen perplex. die geschichte nicht ganz ernst nehmend meint er, er wünsche sich eine brücke zwischen england und frankreich. der frosch blickt ihn draufhin skeptisch an. „schau ich bin ein kleiner frosch, und england und frankreich ist verdammt weit auseinander. hast du keinen einfacheren wunsch?"

wieder denkt franz nach. nach einer kurzen pause meint er: „ich will die frauen verstehen". der frosch blickt skeptisch und meint „wie war das mit der brücke? willst du sie mit 2, 4 oder 6 spuren?"

28. Juli
trennungskultur

frauen haben fallweise eine sehr interessante form der trennungskultur. sie trennen sich nicht, sie lassen sich trennen. wie machen sie das? sie provozieren so lange, bis es dem partner zu bunt wird. das kann zeitweise auch sehr langwierig werden. das provozieren hat einen großen vorteil. frau hat sich nicht getrennt, frau wurde verlassen. frau kann sich als opfer präsentieren und heimst vielleicht noch jede menge mitleid ein.

2. August
frauenspielzeug

nein, es ist nicht von sex-spielzeug die rede. also nicht von solchem im üblichen sinn. jeremias hat mir in einem mail eine sympthomatik geschildert, die wirklich gut nachvollziehbar ist.

"was mir in den letzten jahren auffällt, dass immer mehr frauen männer wie spielzeug betrachten und behandeln. rasch finden sie gefallen an neuem spielzeug. das wird intensiv bespielt, aber irgendwann lässt das interesse nach. und irgendwann wird es zur last. dann wird es noch ein bissel ramponiert, weil es soll ja keine andere das spielzeug finden und vielleicht auch attraktiv finden können. das spielzeug wird abgelegt, weggeworfen oder weggesperrt. mir ist das jetzt zweimal so passiert. ich hab nur jetzt keine lust mehr mich als spielzeug missbrauchen zu lassen. da ich diesen frauentyp jetzt besser erkenne, lass ich von diesem tussi-typ die finger."

8. August
durchgeknallt

robert, elektriker, 44, aus wien schreibt mir ein interessantes mail. als regelmäßiger leser meiner kommentare wolle er ein statement über seine erfahrungen mit frauen abgeben. mit seinem einverständnis darf ich aus seinem mail zitieren.

robert hatte mehrere beziehungen und lebt derzeit in einem eher lockeren verhältnis mit einer geschiedenen frau. robert war nie verheiratet.

robert erkennt in seinen beziehungen ein immer wiederkehrendes muster. erst ist alles toll. einmal drei wochen lang, einmal zwei monate, einmal fast zwei jahre, dann knallt die frau plötzlich vollkommen durch. warum sie das tut, ist für ihn vollkommen unverständlich. die frauen kippen emotional voll weg.

was dann folgt ist unterschiedlich. einmal dauerte diese phase ca. 3 tage, allerdings kam dieses durchknallen dann ca. alle 3 monate wieder. bis die zeit reif war, das projekt zu beenden.

einmal löste sich die beziehung dauerhaft auf, weil die dame ihre vorherige beziehung noch nicht beendet hat und sie wieder fortsetzen wollte.

einmal dauerte diese durchknallphase 11 jahre lang, weil ein kind da war, das er nicht alleine zurück lassen wollte.

robert ist heute vorsichtig. auch wenn eine beziehung noch so toll ist, fühlt er ein damoklesschwert darüber hängen. er rechnet jederzeit damit, dass es wieder da sein kann, sein problem. eine frau, die die kontrolle über sich verliert und ausrastet, auszuckt, durchdreht, durchknallt. schön ist dieses gefühl nicht.

11. August
kein soziales netz mehr

in einer bar beginne ich ein gespräch mit harald. harald erzählt mir, dass er
mitglied einer rettungsorganisation sei. und er erklärt mir auch warum.
harald hätte nun fünf beziehungen hinter sich. mit jeder beziehung sei sein
soziales umfeld geschrumpft. oft habe er den lebensmittelpunkt verlegt,
einmal habe ihm die partnerin die meisten sozialen außenkontakte
abgedreht. sogar die mitgliedschaft bei der feuerwehr musste er beenden.
und wenn eine beziehung scheitert, verlierst du oft auch das damit
verbundene soziale netz. nach der letzten beziehung hatte er de facto
überhaupt kein soziales netz mehr.

das ist eine gruselige situation, das könne man ihm glauben. irgend etwas
müsse sich ändern. nach inzwischen fünf gescheiterten beziehungen, in
denen er sich angeblich nicht wirklich was zu schulden kommen ließ,
suchte er ein tragfähiges soziales netz. zufällig stieß er auf die örtliche
rettungsstelle. dort wusste er auch, dass nette, freundliche menschen in
seinem alter regelmäßig arbeiteten. menschen mit einer gewissen neigung
zum durchknallen nahm er dort bisher nicht wahr.

harald ist mit seiner entscheidung sehr glücklich. hat er mehr lust auf
menschliche kontakte, meldet er sich einfach zum nächsten dienst an. eine
beziehung vermisst er inzwischen nicht mehr.

25. August
frauen verdienen weniger als männer

mit interesse lese ich immer wieder berichte darüber, dass frauen weniger
verdienen als männer. die zahlen reichen von 20 bis 39 %, wieviel frauen
angeblich weniger verdienen als männer. es lohnt sich, die studien hinter
der feminismus-propaganda genauer anzusehen, weil sich diese meldungen
dann tatsächlich als billige propaganda herausstellen.

frauen verdienten 22 % weniger bei gleicher qualifikation. wenn ich das wo
lese, bitte ich den autor, mir unternehmen zu nennen, wo das so ist. bis

heute hab ich leider keine einzige adresse erhalten. und einen logischen widerspruch sehe ich auch. wenn frauen bei gleicher qualifikation und gleicher stellung 22 % weniger verdienen, welcher arbeitgeber ist dann noch so blöd und beschäftigt einen mann?

eine österreichische studie hat mal eine einkommensdifferenz von 39 % ausgewiesen. es hat sich gelohnt, die studie näher unter die lupe zu nehmen. 39 % beträgt die brutto-differenz. netto sind es nur mehr 31 %. denn frauen, so ist in der studie nachzulesen, zahlen pro jahr nur eur 4000,- steuern und abgaben, während männer eur 9000,- an steuern und abgaben bezahlen. weiters ist nachzulesen, dass 52 % der frauen in teilzeit arbeiten, männer nur zu 9 %. jetzt stell ich mal eine ganz kühne these auf. unter der annahme, dass frauen ca. 26,5 h pro woche arbeiten, verdienen frauen netto pro arbeitsstunde das selbe wie männer.

in der diskussion ist immer wieder die rede davon, dass frauen in die teilzeit genötigt werden. das ist nicht ganz logisch nachvollziehbar. ich kenne kein unternehmen, das den arbeitsplatz nicht lieber 38,5 h besetzen würde als nur 20 h in der woche. die mir bekannten teilzeit-arbeitenden frauen arbeiten teilzeit, weil sie das so wollen.

in der feminismus-propaganda werden immer die alleinerziehenden armutsgefährdeten frauen vorgeschoben. dabei verschweigt man aber, dass immer weniger frauen tatsächlich kinder bekommen. und viele bekommen sie später. und viele bekommen nur ein kind.

dass armutsgefährdung auf alleinerziehende frauen reduziert wird, ist ohnehin abenteuerlich. sind männer, die unterhalt für zwei kinder und vielleicht die ex-frau auch noch unterhalt zahlen müssen, nicht armutsgefährdet? für 2 kinder fallen rund 40 % des brutto-einkommens an unterhalt an, das wird aber erst vom netto-einkommen abgezogen. wer brutto eur 2000,- hat, hat netto vielleicht eur 1500,-, zahlt eur 800,- unterhalt, und hat für miete, auto und lebenshaltung dann noch eur 700,- übrig. das ist unter der armutsgrenze.

27. August
mehr bemühen bitte

mit interesse verfolge ich eine diskussion in einem singleforum. einige
damen sind der auffassung, männer würden sich zu wenig um eine frau
bemühen. nach vielen einträgen meldet sich ein kevin zu wort. kevin
erzählt kurz seine geschichte. er hätte nun sechs beziehungen hinter sich,
hätte sich in jeder beziehung redlich um die partnerin bemüht, habe sich
selbst im wesentlichen nichts zu schulden kommen lassen, und wäre trotz
allem immer wieder von seinen partnerinnen vor die tür gesetzt worden.

heute denkt kevin anders. entweder bist du bei einer frau erwünscht oder
nicht. wenn du nicht erwünscht bist, kannst du dich noch so viel bemühen.
warum sich dieser status des erwünschtseins ändern kann, weiß kevin nicht.
da bleibt dir als mann nur eines: du musst das akzeptieren.

30. August
effiziente kindesentziehung

eine beliebte methode, wie frauen vätern kinder entziehen und entfremden
ist das gegenseitige "der/die will dich nicht mehr sehen!". die methode setzt
allerdings schon ein gewisses alter der kinder voraus und es darf keine
kontaktmöglichkeit zwischen vater und kindern geben.

die kindesmutter erklärt dem vater, seine kinder wollten ihn nicht mehr
sehen, während sie den kindern erklärt, ihr vater wolle sie nicht mehr
sehen. wie oben angeführt dürfen kindesvater und kinder keinen kontakt
haben, sonst würde sich das spiel der kindesmutter schnell als intrige
entpuppen.

31. August
gewalt ist männlich

gewalt in der familie sei männlich dominiert, wollen uns frauenrecht-
lerinnen immer wieder beweisen. aber ist sie es wirklich? ist männliche
gewalt nur deshalb wahrnehmbar, weil frauen empfindlicher reagieren?

weil körperliche gewalt sichtbare spuren hinterlässt, während man die folgen von gewalt von frauen lange gut verbergen kann?

blenden wir 40 bis 50 jahre zurück. viele familien waren eher patriarchalisch organisiert. es war vielerorts noch üblich, dass regeln vorgegeben und sanktioniert wurden. diese regeln konnten sinnvoll sein, aber auch missbrauch tür und tor öffnen. regeln sorgten aber auch dafür, dass sich menschen besser selbst beherrschen konnten. die machtausübung erfolgte überwiegend von männern. machtausübung von frauen war weniger ausgeprägt, aber subtiler. viele frauen lernten, trotz angeblicher männlicher übermacht ihre eigene macht auszuspielen.

immigranten kommen häufig noch aus strukturen, wie sie bei uns vor 50 jahren üblich waren. durch immigration wechseln diese in kurzer zeit in ein westlich geprägtes system, können aber mit dem raschen wandel nicht umgehen und versuchen mit verhaltensmustern aus ihrer heimat probleme zu lösen. es ist also kein zufall, dass an dieser bruchlinie konflikte aufbrechen, und betroffene frauen häufiger im frauenhaus landen.

gewaltfreie erziehung hat zwar die übergriffe von männern auf frauen stark reduziert, ganze generationen von männern aber ideologisch derart kastriert, dass sie häufig nicht mehr in der lage sind, sich selbst gegen übergriffe zu wehren. sie hat in weiterer folge auch dazu geführt, dass viele menschen wichtige kulturfähigkeiten wie selbstbeherrschung oder empathie nicht mehr ausbilden. zudem hat man verabsäumt, die wahrnehmung für männliche und weibliche gewalt zu schärfen. wir lassen damit unsere kinder, insbesondere die buben in ein offenes messer laufen.

die tatsache, dass selbstbeherrschung und empathie nicht mehr in diesem umfang ausgebildet werden, unsere wehrhaftigkeit durch erziehung beschnitten wurde, führt dazu, dass uns immer mehr psychopathen auf der nase herum tanzen.

gewalt ist heute nicht mehr männern eindeutig zuordbar. körperliche gewalt ist noch ein überwiegend männliches problem. psychische gewalt bis zu psychoterror ist ein überwiegend weibliches phänomen. zudem hat sich die zeitspanne weiblicher aggression spürbar verlagert. zum einen findet weibliche gewalt in familiären strukturen gegen kinder, männer und andere frauen (eifersucht, mobbing) statt, sie findet aber immer häufiger nach beziehungsende statt. interessanterweise unterstützt eine riesige frauenlobby solche gewaltexzesse, beginnend von jugendämtern, gewaltschutzzentren, frauenrechtsorganisationen. was sich oft ziemlich neutral als kinder- und jugend-wohlfahrt oder gewaltschutzzentrum bezeichnet, ist nicht in erster linie eine schutz-organisation für kinder oder familien im gesamten, sondern eine effektive schutzlobby für frauen-interessen, koste es was es wolle. ob dabei kinder oder väter vor die hunde gehen, ist nicht relevant.

leider gibt es kaum organisationen, die vorurteilsfrei dem thema "gewalt in der familie" nachgehen wollen. mit großer wahrscheinlichkeit sind frauen bei gesamtheitlicher betrachtung heute zumindest genauso gewalttätig wie männer, wenn nicht sogar erheblich gewalttätiger. frauen haben allerdings andere gewaltmuster. sympthomatisch für weibliche gewalt ist mobbing und psychoterror in beziehungen und nach beziehungen, insbesondere wenn kinder da sind. hier wird häufig gewalt auf und über kinder ausgeübt.

1. September
schuldsuche

heute wieder mal was gelernt. wie gehen behörden in beziehungskonflikten mit der schuldzuweisung um?

konkreter anlassfall: konflikt zwischen mann und frau, nicht verheiratet, ein kind, absolut getrennt lebend. der konflikt ist amtsanhängig (jugendamt und sozialamt)

wie weisen behörden schuld zu?

in einem konflikt zwischen vater und mutter bestehen drei schuldvarianten:
variante 1: der vater ist an allem schuld
variante 2: die mutter ist an allem schuld
variante 3: beide sind am konflikt in einem gewissen ausmaß schuld

zu welchem ergebnis kommt nun die behörde?
bei variante 1 ist die schuld klar, der vater ist an allem schuld.

bei variante 2 und 3 werden die untaten der mutter so lange kleingeredet,
bis der vater als allein schuldiger übrig bleibt.

was lernen wir nun daraus?

egal wer tatsächlich schuld ist, die schuld wird immer dem vater angehängt.

2. September
faule frau

wieder mal ein interessantes gespräch geführt. ein flüchtiger bekannter. die
unterhaltskeule hat ihn voll getroffen. und die mutter murrt, weil sie bei
ihrer teilzeitbeschäftigung einmal kaum eine pension bekommen wird.
dabei wäre der dame eine umfangreichere beschäftigung mit nur einem
kind durchaus zumutbar. franz hat es dann sehr lapidar auf den punkt
gebracht: "die faule frau soll was hackeln! dann hat sie auch eine
ordentliche pension. ich darf für zwei hackeln und die gfraster hocken
dreiviertel der zeit vor dem fernseher. die können mich doch alle am arsch
lecken!". ich kommentiere das jetzt nicht. ich lass es nur so im raum stehen.

3. September
Männerheilkunde

ich höre grad radio. zwei damen diskutieren über die jahrzehntelange
benachteiligung von frauen in der medizin. medikamente würde man nur an
männern austesten. irgendwie hab ich ein gewisses unbehagen. mir fällt
sofort das wort frauenheilkunde ein. gibt's auch eine männerheilkunde? ich
frage nur der form halber. es ist schon nachvollziehbar, dass frauen
aufgrund ihrer anatomie anders medizinisch behandelt werden müssen.
wenn ich genau drüber nachdenk, werden 80 bis 90 % der mittel für
geschlechtsspezifische medizin für frauen verwendet. das feministische
gesudere ist in diesem punkt nicht wirklich nachvollziehbar.

4. September
die realitätskeule

in trennungssituationen kommt es oft vor, dass der andere elternteil dem
kind gegenüber verhasst wird. das motiv dahinter ist oft, das bedürfnis des
kindes, den anderen elternteil zu sehen, effektiv abzutöten. je besser der expartner oder die ex-partnerin als monster an die wand gemalt werden kann
oder zum feindbild gemacht wird, umso effektiver kann dieses bedürfnis
nach einem neuerlichen kontakt beim kind unterbunden werden.

gelingt es über den gerichtsweg, eine besuchsrechtsregelung zu erwirken
und das besuchsrecht umzusetzen, holt den oder die verhetzer(in) die
realitätskeule ein.

das kind nimmt den/die lange getrennten und verhassten vater oder die
mutter selbst nicht mehr als bösen sündenbock oder attentäter wahr,
sondern als netten, freundlichen, hilfsbereiten menschen. das irritiert das
kind natürlich. wofür kind und betroffener vater oder mutter nichts dafür
können, denn sie haben dieses feindbild ja nicht geschaffen. die
realitätskeule trifft den oder die verhasser(in) oder aufwiegler(in).

zusätzlich nagt der gedanke, der vater oder die mutter könne sich dem kind
gegenüber über die situation in einer form äußern, die für den sorgerecht
ausübenden elternteil sehr nachteilig sein könnten. dass sich lange zeit
ausgegrenzte elternteile aber korrekt verhalten könnten, das können und
wollen viele offenbar nicht ganz wahrhaben.

der sorgerecht ausübende befindet sich zudem in einem erklärungsnotstand.
waren die anfeindungen berechtigt? sollen die anfeindungen aufrecht
erhalten werden? wie soll man sie aufrecht erhalten? kinder sind nun mal
nicht blöd. sie durchschauen es bald, wenn mit ihnen ein unehrliches spiel
getrieben wird.

die frage ist nun, wie der sorgerecht ausübende elternteil mit der
belastungssituation umgeht. rastet er/sie aus? kommt er/sie zur besinnung?
letzteres ist vermutlich eher selten, denn bei einem ordentlichen maß an
besinnung wäre es vermutlich gar nicht zu diesem konflikt gekommen.

11. September
wie ich zum kinderhasser wurde

gregor ruft mich wegen einer geschäftlichen sache an. irgendwie entwickelt
sich das gespräch, bis das wort "kinder" fällt. seine stimmung verdunkelt
sich fühlbar. ich versuche vorsichtig hinter diese stimmungsschwankung zu
kommen. irgendwie scheint er ein gutes gefühl bekommen zu haben,
endlich mit jemand offen über sein problem reden zu können.

gregor hat eine trennung hinter sich gebracht. gescheitert ist sie wieder mal
an den kindern seiner partnerin. eigentlich sei er ein sehr kinderlieber
mensch, gehe offen auf die kinder von partnerinnen zu, helfe denen auch
bei knifflichen rechenaufgaben, aber irgendwann wird er vor die tür
komplimentiert. nur warum sagt man ihm meist nicht. also nicht direkt. alle
möglichen vorwände muss er sich anhören. letzten endes kannst du nichts
dagegen machen. einpacken und sich verkriechen.

auch die vielen lügen, die er sich anhören musste, sind es ihm inzwischen
leid. warum können diese damen nicht einfach sagen was sache ist?

gregor hatte nie ein problem, frauen mit kindern kennenzulernen. hatte man
es sich so eingerichtet, dass man dann tatsächlich mehr zeit miteinander
verbrachte, fingen die brösel an. mutti war plötzlich nicht mehr alleine fürs
bubi da. bubi rebelliert und mutti gibt klein bei. oder ein ander mal stellte
mir unvermutet die tochter der dame seine schuhe vors haus, weil sie aus
nicht nachvollziehbaren gründen seine anwesenheit nicht mehr wollte. zwei
burschen fingen an, ihre mutter zu malträtieren, weil sie doch lieber ihren
vater zurück haben wollten und nicht einen beliebigen vater-ersatz.

schön langsam verstehe gregor, warum viele im second-hand-beziehungs-
markt nur mehr beziehungen mit männern und frauen wollen, die keine
kinder im haus haben. auch solche, die überhaupt nur anhangslose partner
suchen, verstehe er inzwischen sehr gut. denn die konflikte, in denen so
manche drinnen hingen, die wolle er sich selber lieber ersparen. es reiche
ihm, dass er sich von einer vollkommen durchgeknallten tussi fast 20 jahre
seelisch vergewaltigen habe lassen. er will das jetzt weder direkt noch
indirekt nochmals durchleben.

gregor sucht nur mehr beziehungen, die weitestgehend kinder-frei sind. im
idealfall auch enkelkinderfrei. da hatte er auch schon zweimal brösel. jetzt
reicht es.

14. September
notnagel und kaputte typen

war gestern auf einer abendveranstaltung eingeladen. beim anschliessenden
buffet treffe ich franz. hab mit ihm vor einigen jahren ein mehrtägiges
seminar absolviert. nach den ersten brötchen beginnen wir eine längere
unterhaltung.

franz macht einen deprimierten eindruck. er ist wieder mal abserviert
worden. ziemlich kalt. und mit den üblichen vorwänden. es ärgere ihn,
wenn frauen nicht ehrlich sagen könnten, was ihr problem ist. da habe er
schon zu vieles erlebt. frauen, die sich gar nicht wirklich von ihrem
vorherigen partner getrennt haben. frauen, die sich von kindern
tyrannisieren lassen. frauen, denen ordentlich druck von eltern und
geschwistern gemacht wird. er merkt das oft erst, wenn es zu spät ist. und
wenn du es merkst, meint er, ziehst du sowieso schon den kürzeren.

mindestens drei mal sei es ihm schon passiert, dass er beziehungen mit
frauen begann, denen es ziemlich schlecht ging. er habe sie so gut wie
möglich umsorgt, sei möglichst viel für sie da gewesen, habe hilfe
angeboten wo immer möglich. in dem ausmaß in dem es den damen besser
ging, ließ auch das interesse der frauen an ihm nach. und dann passiert was
interessantes, was sich öfter wiederholen sollte. hat er selbst mal gröbere
troubles, wird er für die frauen zur last und hinauskomplimentiert.

plötzlich sei man ein "kaputter" typ und sozialfall. natürlich hinterlassen
schwere negative erfahrungen narben auf der seele. natürlich läuft mann
gefahr, immer wieder in bestimmte emotionale schienen zu fallen.

über die bezeichnung "kaputter typ" ärgert sich franz am meisten. denn oft
seien die frauen genauso kaputt. wenn männer kaputt sind, wer hat sie denn
meist kaputt gemacht?

franz meint, er halte sich jetzt sehr zurück. von potentiellen psychischen
sozialfällen lasse er die finger. zu oft wäre er bereits der notnagel gewesen.

15. September
depressiv

im zuge eines besuches einer fachmesse treffe ich jakob. jakob ist ein
schulkollege. in der klasse waren wir damals nicht so viel zusammen, aber
mit den jahren hat sich eine sehr gutes verhältnis ergeben.

jakob macht einen sehr depressiven eindruck. ich versuche vorsichtig auf
seine stimmung einzugehen. weisst du, meint er, es geht mir ziemlich
dreckig. allmählich habe der das gefühl, nur mehr arschlöcher am hals zu
haben. von den arschlöchern in der familie wegzukommen sei schwierig,
das dauere und koste viel substanz. dazu komme, dass er nun in der zweiten
beziehung gelandet sei, wo sich auch die frau als arschloch besonderer güte
entpuppt hat. dabei vermeide er es, nicht wieder in die selben krisen-
situationen hineinzurutschen. die letzte begann ihn vor einigen monaten zu
quälen und zu foppen, bis das mass voll war und er den hut drauf schmiss.
er packe es einfach nicht mehr. auch gesundheitlich fühle er sich besonders
unwohl. er sei sich sicher, dass der körper gerade was ausbrüte. er rechne
mit einem schwerwiegenderen gesundheitlichen problem. sein kopf fühle
sich an, als wäre da ein pfropfen drin, und in seinem bauch vernehme er
häufige komische krampf- und schmerz-zustände.

er habe mit seiner situation schon abgeschlossen. obwohl er ein äußerst
belastbarer mensch war über fast fünf jahrzehnte, sei seine kraft und sein
überlebenswille nun ziemlich aufgebraucht. wenn ihn eine schwerwiegende
diagnose treffen sollte, werde er keine lebensverlängernden massnahmen
treffen. er wüsste nicht, warum er dieses ständige leid unnötig verlängern
sollte. es seien leidenszustände, überwiegend seelische leidenszustände, für
die die meisten menschen keine vorstellung hätten.

einige jahre hätte er versucht, die schmerzen mit alkohol zu betäuben.
anfangs auch mit hyperaktivität. sport und körperliche belastungsgrenzen
ausloten, wenn die spannung im kopf unerträglich geworden sei, das habe
eine zeitlang funktioniert. der endorphin-rausch mache süchtig, bis die

nachfolgenden körperlichen schmerzen unerträglich werden. irgendwann sei er dann ständig auf dem zahnfleisch daher gekrochen und alles was noch irgendwie brennbar war an seiner seele, ist ausgebrannt.

ich mache mir ernsthafte sorgen um jakob. ich versuche es vorsichtig ihm gegenüber auszudrücken. ja, meint er, dieses unerträglich gewordene leiden zu beenden, wenn die schmerzen anhaltend unerträglich werden, das sei für ihn seit einigen monaten zu einer ständigen option geworden. er denke immer öfter darüber nach, was mit seinem unternehmen und den anderen verlassenschaften passieren sollte, wenn er nicht mehr am leben sei.

ich gestehe, mit dieser situation überfordert zu sein. ich weiß keine antwort. für menschen in einer situation wie der von jakob gibt es in unserer gesellschaft kein wirksames auffangnetz. ich entsinne mich gehört zu haben, dass 80 % der suizide von männern begangen werden. dass zumindest zwei drittel der alkoholkranken männlich sind. aber das interessiert niemand. sind ja keine frauen davon betroffen. würde es frauen betreffen, würde eine ganze intifada das in den medien von früh bis spät in allen möglichen medien rauf- und runter-beten. das frauenministerium würde arbeitskreise einsetzen, die regierung einen notfallplan einrichten, die caritas würde geld für frauen in solchen notsituationen sammeln, die frauenhilfe würde eine notrufnummer installieren.

männer leiden still. doch dafür fehlt der gesellschaft die wahrnehmung.

23. September
suizid-therapie

in einem onlineforum wird das thema suizid diskutiert. wenige stunden später meldet sich ein jörg per persönlicher nachricht in einem sozialen medium. jörg erzählt mir eine schauderhafte geschichte.

jörg sei schon dreimal in beziehungen gelandet, wo die frauen nach kürzerer oder längerer zeit mit suizid zu drohen begannen, bei der ersten drohbeziehung hätte er sich das ziemlich lange gefallen lassen, aber gemerkt, wie ihn die partnerin damit manipuliert. bei der zweiten hätte er ziemlich schnell das weite gesucht, nach dem sich das drama nochmals anbahnte. beim dritten mal wurde er wieder stutzig und fragte sich, ob er nicht seine denkweise verändern sollte.

als seine damalige mal so richtig ausholte, ging er seelenruhig in den keller, holte einen strick rauf, legte ihn auf den tisch und meinte: „willst du einen einfachen knoten oder einen komplizierteren? hast du dir schon einen platz ausgesucht, wo du dich umbringen willst? im haus ist das ungünstig, weil das hinterlässt ein schlechtes karma. am besten wäre es auf einem öffentlichen grundstück, wo aber möglichst keine kinder vorbeikämen". seine freundin schaute verdutzt, es kam ab diesem zeitpunkt zu keiner weiteren suizid-drohung. nach einem halben jahr trennten sich die beiden einigermaßen friedlich.

jörg hatte in keiner weiteren beziehung mehr probleme mit solchen drohungen. möglicherweise hat er seine wahrnehmung in diese richtung bewusst oder unbewusst geschärft.

1. Oktober
mütter-mafia

wieder ein neuer gesprächspartner, wieder das übliche.

manuel beschreibt in eindrücklichen worten, wie das so läuft, wenn frau einen störenden vater ihrer kinder los werden will. und das muss gar nicht am mann liegen, dass der stört. er ist irgendwie im weg, stört die ruhe der mutter oder bringt ihr inzwischen aufgebautes lügengebäude ins wanken. die konsequenz ist einfach. dieser mann muss weg.

also wendet sich frau an die mütter-mafia, einem eingespielten team, das beim entfernen des mannes aus der familie hilfreich ist. die methoden sind im wesentlichen recht einfach. verarschen gehört dazu, opfer-täter-umkehr, isolation des kindes vom vater, die mutter und andere betreiben gehirnwäsche beim kind oder den kindern.

und das ganze wird auf zeit gespielt. entscheidungen werden verzögert. einwendungen ignoriert. in einem konkreten fall von gefahr in verzug durch die mutter wird viele wochen von der behörde zugewartet, bis sich die frau wieder beruhigt hat, damit sie sie nicht in dem zustand vorfindet, wie ihn der vater des kindes beschrieben hat.

der schutz des kindes wird als vorwand verwendet. es geht um ausübung von macht und um ausgrenzung von männern, die nicht verstehen, warum sie ausgegrenzt werden.

das ganze treibt seltsame blüten. ein und das selbe kind, das jahrelang verhaltensauffällig war und von psychiater zu psychologen zu therapien und wieder zurück geschickt wurde, solange man den vater als alkoholiker denunzieren konnte, mutiert plötzlich zum absolut unauffälligen kind, weil sich herausstellt, dass die mutter mit demselbigen 10 jahre lange psychoterror betrieben hat.

auch die hauptfunktion der mütter-mafia ist leicht zu durchschauen. der vater wird so lange verarscht, bis er entnervt den hut drauf haut. das machen die einen früher, die anderen später, und manche lassen sich das länger nicht gefallen. im konkreten fall landet die geschichte bei einer behörde, die das verhalten der involvierten behörden kritisch hinterfragt.

das wirklich bedenkliche ist diese opfer-täter-umkehr. die oftmals schwerwiegenden verhaltensfehler der mutter werden vollständig ausgeklammert und aus dem rest ein verschulden des vaters konstruiert. das kann wie ein anderes beispiel gezeigt hat, auch dazu führen, dass ein vater die behörden vor schädlichem einfluss des stiefvaters warnt, der stiefvater das kind umbringt, und der warnende vater dann verklagt wird. da wundert sich dann niemand, dass das vertrauen in das rechtssystem verloren geht oder leute mit größerem aggressionspotential körperlich gewalttätig werden.

hab von manuel gestern abend viel erfahren. leider manches, was ich schon kannte. manches übertrifft einfach das vorstellungsvermögen.

9. Oktober
wahnsinn

ein 23-jähriger polizist erschiesst sein schwangere frau und erwürgt sein

kind. polizist wird man nicht, wenn man nicht belastbar ist oder psychisch
beeinträchtigt. was treibt einen jungen polizisten so weit in den wahnsinn,
dass er frau und kind umbringt?

11. Oktober
kindesentziehung gut organisiert

harald meldet sich per mail. es dürfte für ihn erleichternd sein, wenn er
seine situation schildern und ausdrücken kann. irgendwie scheint er sich im
falschen film zu befinden.

harald ist mit kindesentziehung durch die mutter seines kindes konfrontiert.
die hat das wiederum sehr gefinkelt eingefädelt. offiziell ist das kind auf
seinen vater sauer. warum, das weiss er bis heute nicht. warum sollte er das
auch. jedweder kontakt wird behindert und unterbunden. harald vermutet,
dass die mutter seit beginn des jahres gehirnwäsche mit dem kind betreibt,
sodass das kind dem vater gegenüber nur mehr negative emotionen zeigt.
inzwischen sind bereits fünf behörden von diesem tatbestand informiert,
aber keine einzige rührt auch nur einen finger. dass es zu bleibenden
beziehungsstörungen beim kind resp. zwischen kind und vater kommen
kann, mit solchen kolateralschäden muss man halt rechnen.

harald schließt sich jetzt mit einem verein kurz, der sich um sog.
väterrechte kümmert. er dürfte ihm ein wichtiges anliegen sein, der frauen-
mafia das handwerk zu legen.

14. Oktober
schlecht-achten

mit einem sehr befremdlichen umstand hat mich marvin konfrontiert.
marvin hat ein längeres rechtsverfahren mit familienrechtlichem
hintergrund hinter sich. die meisten probleme hatte er mit gutachten, die
dinge zu verschleiern versuchten, opfer zu täter machen, betroffene nötigen
oder einfach nur zeit schinden wollten.

die behörden wissen demnach genau, wie sie das system manipulieren können. grundsätzlich werden nur gutachter beauftragt, von denen auch gefällige gutachten zu erwarten sind. wer nicht das ergebnis abliefert, das gewünscht wird, bekommt keine aufträge.

weiters kann ein gutachter so beauftragt werden, dass er ein paar bestimmte themen bearbeitet, aber bestimmte gebiete mangels auftrag dafür ignoriert.

sind auftraggeber und auftragnehmer persönlich bekannt, kann es zu einem mündlichen informationsfluss kommen, der das ergebnis der begutachtung ebenfalls beeinflussen kann.

die zu begutachtenden personen können gut auf ihre befundung vorbereitet bzw. gecoacht werden, damit sie nichts verkehrtes sagen, das misstrauen oder ein unerwünschtes ergebnis zur folge haben könnte. auch der gutachter kann das ergebnis mit gezielter fragestellung beeinflussen.

im gutachten selber können inhalte bewusst ausgeblendet oder ignoriert werden.

ist ein gutachten aus welchem grund auch immer unter verschluss zu halten, hat man als geschädigter keinerlei möglichkeit, auf fehler in solchen gutachten hinzuweisen oder sie zu beeinspruchen.

es obliegt der behörde, nur jene teile eines gutachtens weiter zu verwenden, die der behörde ins konzept passen.

laut marvin bist du da als betroffener einem system ausgeliefert, das glaubt, mit dir machen zu können, was es will. opfer werden zu tätern, täter verharmlost, störende familienväter kriminalisiert, genötigt, entscheidungen auf die lange bank geschoben. und übrig bleiben meist die kinder. aber das ist der behörde dann ziemlich egal. es geht im wesentlichen nur darum, einen machtkampf zu gewinnen.

genau genommen ist die bezeichnung gutachten in vielen fällen irreführend. wo sie manipuliert werden, müsste man sie als schlecht-achten bezeichnen.

15. Oktober
gleichbehandlung

justin ist ein etwas schräger typ. er fühlt sich unfair behandelt. warum
dürfen frauen zb. immer alles und er nichts. ich gestehe, ich konnte spontan
nichts zur lösung seines problems beitragen.

warum müsse er 120 km auf sich nehmen, um einen gerichtstermin
wahrzunehmen, während in der selben angelegenheit das gericht seine
exfrau zu hause aufsucht? ich gestehe, ich konnte das nicht erklären.

justin fragt mich, warum seine mails ans jugendamt sofort an die
kindesmutter weiter geleitet werden, während er kompliziert um
akteneinsicht ersuchen muss, um die mails seiner ex zu lesen, vorausgesetzt
sie sind nicht aus unerfindlichen gründen in vergessenheit geraten. ich hab
ehrlich gestanden keine erklärung dafür.

wenn er etwas behaupte, werde das sofort in frage gestellt. wenn seine ex-
frau etwas behauptet, fragt niemand danach, ob das richtig ist. kommt mir
bekannt vor, aber kann ich nicht wirklich beantworten.

in einem punkt sieht sich justin aber im vorteil. wenn die mutter seiner
kinder behauptet, er sei eine gefahr für die kinder, trifft das jugendamt in
geschätzten 7,5 sekunden eine entscheidung. wenn er dasselbe von der
mutter der kinder behauptet, dauert diese entscheidung viereinhalb monate.

und ich werd mal scharf nachdenken, ob das einzelfälle sind ...

20. Oktober
schräg-lage

deprimiert hat franz mit mir den kontakt gesucht. weisst du, was mir
aufgefallen ist, meinte er mir gegenüber. eine frau hat in familienrechts-
verfahren immer recht, auch wenn sie die hinterfotzigste nutte ist. ein mann
ist immer im unrecht, auch wenn er sich noch so bemüht. logisch
nachvollziehbar sei das nicht. seine nunmehrige partnerin solidarisiert sich
mit ihm und unterstützt ihn, wo sie nur kann. das hilft ihm zwar etwas über

seine verletzungen hinweg, aber eine kräftige narbe bleibt. kontakt zu
seinen kindern hat er keinen mehr. die gehirnwäsche, die die mutter mit
ihnen durchzieht, zeigt eine gründliche wirkung. wie er auf seine kinder
reagieren wird, wenn sie großjährig sind, diese vorstellung verdrängt er
bestmöglich.

21. Oktober
lügen

warum lügen eigentlich menschen? warum tischen sie uns geschichten auf,
die schlecht erfunden sind oder sich beim einfachen gespräch schon als
unglaubwürdig darstellen? was ist dabei, zu sagen, ich kauf mir ein auto,
weil ich es will und weil ich es mir leisten kann? was ist dabei, sich eine
wohnung zu nehmen, die größer ist als man sie tatsächlich braucht?
glauben die leute wirklich, dass sie mit ihren lügen und fabelgeschichten
ungestraft durchkommen?

was hindert uns wirklich daran, einfach nur die wahrheit zu sagen?

26. Oktober
beute-schema

warum gibt es langjährige glückliche beziehungen und anderen gelingt so
was nicht? diese frage durfte ich zufällig online mit erich diskutieren.

erich hat mehrere beziehungen hinter sich. keine dauerte länger als 3 jahre.
und er landete immer wieder beim selben charaktertyp. irgendwie schien es
genau dieser frauentyp auf ihn abgesehen zu haben. inzwischen hat er es
aufgegeben. erich will keine beziehung mehr, auch weil ihm klar geworden
ist, dass glücksfähige frauen ohnehin in glücklichen beziehungen leben und
auf dem beziehungsmarkt de facto nur nicht-glücksfähige frauen unterwegs
sind.

erich ist bewusst geworden, dass er einem gewissen beuteschema
entspricht. er ist ein friedlicher, leicht zu motivierender mensch. er braust
nicht auf und leidet lange geduldig. er ist umgänglich, stellt kaum dumme

fragen und pocht nicht bei jeder gelegenheit auf seine rechte. erich schluckt viel hinunter. das war wohl fast jeder seiner partnerinnen sehr schnell bewusst. doch irgendwann haben die mädels dann den spass an ihrem spielzeug verloren und ihn in die wüste geschickt. er hatte keine einzige seiner beziehungen beendet. es waren immer die frauen.

für die nächste zeit ist erich jedenfalls von seinem leiden geheilt.

31. Oktober
arm benachteiligt unschuldig

entgegen anderslautenden erfahrungen herrscht in vielen kreisen immer noch der irrglaube vor, frauen seien arm, benachteiligt, hilflos und unschuldig. dieses bild ist schon lange nicht mehr gerechtfertigt.

frauen sind heute nicht mehr und nicht weniger arm, benachteiligt, hilflos und unschuldig wie männer. allerdings verfügen sie über eine wesentlich bessere lobby.

möglicherweise dominieren heute sogar die formen artgerechter männerhaltung, zb. eine art von männer-als-sklaven-haltung. männer lassen sich oft jahrzehntelang nötigen, gängeln, erpressen. am besten funktioniert das, wenn man kinder vorschieben kann. wenn man männer nur ordentlich beschäftigt, kommen sie lange nicht dahinter, was da läuft. und wenn sie drauf kommen, zerbrechen sie nicht selten daran. ein in kauf nehmbarer kolateralschaden aus der sicht der frauenschützer, wenn sich mann wegköpfelt, aufhängt, depressiv wird oder seine emotionen mit alkohol oder anderen drogen betäubt.

2. November
aktionswochen gegen gewalt an frauen, mädchen und jungen 2016 *vom 7. bis 29.11.2016 in münchen.*

anlässlich des **internationalen tages gegen gewalt an frauen** am **25. november** organisiert ein **aktionsbündnis aus 48 organisationen** – darunter hilfsorganisationen für frauen, mädchen und jungen bei gewalt, frauenprojekte, netzwerke, verbände, parteien sowie dienststellen der stadt münchen – ein umfangreiches veranstaltungsprogramm für ein gewaltfreies und selbstbestimmtes leben für alle frauen, mädchen und jungen.

schirmherrin der „münchner aktionswochen gegen gewalt an frauen, mädchen und jungen" ist bürgermeisterin christine strobl.

zur zentralen veranstaltung der aktionswochen am freitag, 25. november, lädt das aktionsbündnis gemeinsam mit dem **verein frauen helfen frauen münchen** und der gleichstellungsstelle für frauen der stadt münchen um 18 uhr ins rathaus ein. unter dem motto „auf dem weg zu einem stadtweiten aktionsplan gegen gewalt an frauen, mädchen und jungen" gibt es vorträge und diskussionen zur umsetzung der europäischen charta für die gleichstellung von frauen und männern auf lokaler ebene. zuvor findet ab 16 uhr eine **straßenaktion gegen gewalt an frauen** am sendlinger tor statt.

das vierwöchige veranstaltungsprogramm beinhaltet außerdem zahlreiche informations- und diskussionsveranstaltungen zu aktuellen themen, filmvorführungen, eine lesung, eine ausstellung, selbstverteidigungskurse für mädchen und frauen sowie exkursionen zum videovernehmungszimmer im amtsgericht.

das veranstaltungsprogramm ist kostenlos erhältlich in der stadtinformation im rathaus, bei der gleichstellungsstelle für frauen sowie bei den beteiligten einrichtungen und organisationen. die gesamten informationen gibt es auch online unter www.muenchen.de/frauengleichstellung und **www.aktiv-gegen-maennergewalt.de.**

=== ende der unentgeltlichen werbe-einschaltung ===

die veranstaltung wirft ein paar fragen auf ...

an wen können sich mädchen, jungen, frauen und männer wenden, wenn sie opfer von gewalt durch frauen werden?

was tun diese 48 organisationen des o.a. aktionsbündnisses gegen die gewalt von frauen?

gibt es auch einen internationalen tag gegen gewalt von frauen?

wenn man sich die geschichte so anschaut, entsteht der eindruck, dass opfer nur frauen und kinder sein können, während die täter nur männer sind. ein schelm der dahinter böses vermutet. es ist durchaus möglich, dass körperliche gewalt überwiegend männlich ist. wobei sich innerhalb einer generation diesbezüglich viel getan hat.

leider ist gewalt auch ein migrationsproblem. 30 % der kundinnen von frauenhäusern sowie täter sind nicht-österreicher. auch in dieser hinsicht ist noch viel integrationsarbeit zu erledigen. gewalt von frauen ist insbesondere psychische gewalt, brüllen, zicken, mobben, durchknallen, drohen. und gewalt von frauen verlagert sich oft in die zeit nach einer beziehung. auch da duckt sich die frauenrechtsszene weg, wenn sie nur über gewalt in der familie reden will.

die veranstaltung in münchen ist sicherlich nicht gerade mit geringen kosten verbunden. würde die stadt diese kosten auch in kauf nehmen, wenn sich diese aktion generell gegen gewalt in der familie einsetzt?

3. November
durchgeknallt

etwas verstört bin ich - vermutlich weil ich es nicht wahrhaben will. eine etwas "durchgeknallte" nachricht hat mich erreicht. ich zitiere ...

warum sind zwei drittel der weiblichen haftinsassen in haft? weil sie durchgeknallt sind. warum sind zwei drittel der männlichen haftinsassen in haft? weil ihre frauen durchgeknallt sind.

ist das wirklich so?

5. November
ungleichbehandlung

interessante diskussion, tue mir dabei schwer zu argumentieren.

frauen proklamieren immer wieder wie ungerecht und unfair sie behandelt werden. vermutlich finden sie es auch unfair, wo sie bevorteilt werden.

wenn eine frau mit einem kind gehirnwäsche betreibt, um den kontakt zum vater zu unterbinden, ist das voll akzeptiert. sagt der vater ein falsches wort zum kind, ist er plötzlich ein schwerverbrecher und gehört sofort weggesperrt.

wenn mann und frau eine böse tat begehen, dann ist die frau ein armes opfer ihrer umstände, und der mann ist ein böser täter.

wenn mann und frau opfer sind, dann ist die frau ein armes opfer und der mann einfach selber schuld.

es soll auch frauen geben, die sich diese umstände gut zu nutze machen.

also ich hätte kein problem mit mehr gleichbehandlung.

14. November
männerberatung oder weg-köpfeln?

gestern abend führte ich ein längeres gespräch mit einem bekannten. ich darf ihn zitieren, aber beim namen will er nicht genannt werden.

irgendwie kamen wir auf das thema suizid in trennungskonflikten. die meinung meines gesprächspartners hat mich dann etwas schockiert.

"wenn dir die arschlöcher über den kopf wachsen und du gehst zur männerberatung, wieviele arschlöcher hast du dann weniger am hals? keines! wieviele arschlöcher hast du weniger am hals, wenn du dich wegköpfelst? alle! siehst du, das ist der grund, warum sich männer in beziehungskonflikten lieber wegköpfeln als zur männerberatung zu gehen."

leider ist die aussage von meinem gesprächspartner überhaupt nicht unlogisch. aber problem ist das ja nicht, weil es sind eh nur überwiegend männer – angeblich zu 80 % - betroffen. wenn überwiegend frauen betroffen wären, wär es ein wirklicher skandal.

15. November
mutiert

interessanter beitrag eines mitglieds der selbsthilfegruppe der anonymen
verbrechensopfer infolge weiblicher gewalt. ich nenne ihn mal max. max
beschreibt, wie sich seine wahrnehmung für frauen über die jahre verändert
hat. max hatte keine schwierige kindheit, keine machtbesessene mutter,
eine ältere schwester, aber außer dem üblichen geplänkel unter kindern
nichts auffälliges. max schildert wie im laufe seiner beziehungen mit drei
frauen sein frauenbild mutiert ist.

seine erste, ich nenne sie dem alphabet gemäß anna, war sehr
selbstbewusst. die beziehung schien perfekt zu funktionieren. nach ein paar
jahren wollte man zusammenziehen und eine engere beziehung eingehen.
kurze zeit später ging die beziehung zu bruch, da sich max dem
überbordenden kontrollbedürfnis annas nicht unterwerfen wollte. anna war
nicht mehr wieder zu erkennen. sie legte die regeln fest, sagte wo es lang
ging, was an hobbys in zukunft tolerierbar sei. und er musste deklarieren,
wo er die zeit von der arbeit bis nach hause tatsächlich verbracht hatte, sie
wolle immerhin ja nicht zeit in ein sinnloses projekt verschwenden. anna
maßregelte seine ungesunde ernährung und erklärte ihm, dass jeder tropfen
alkohol ein tropfen zu viel sei. bis sie sich überwarfen.

nach wenigen monaten hatte sich max von seinen erfahrungen erholt und
lernte berta kennen. berta war geschieden und schimpfte über ihren ex wie
ein rohrspatz. und max glaubte ihr das alles. doch berta hatte ein geheimnis,
das sie anfangs sehr gut verbergen konnte. sie knallte regelmäßig durch. es
waren immer die selben meist unbedeutenden auslöser. und die anfälle
wurden immer schlimmer. erst als sie zusammenzogen, ließ berta ihren
wutausbrüchen freien lauf. zuerst drehte sie nur während des vollmondes
durch. nach einem dreiviertel jahr dauerten die phasen schon drei wochen
im monat. nach zwei jahren reichte es max, er knallte endlich auch mal
durch und beendete den weiblichen beziehungsterror einseitig. warum ließ
er es sich so lange gefallen? berta verstand es glänzend, ihm die schuld für
ihre wutausbrüche unterzuschieben. lange verfiel er deshalb in schlechtes
gewissen, bis er das spiel endlich durchschaute. und max weiß jetzt, was er
von frauen zu halten hat, die über ihre expartner schimpfen. wenn du ex
bist, bist du der nächste, der hinterrücks zur sau gemacht wird.

sichtlich angeschlagen brauchte max fast zwei jahre, um sich wieder so
weit zu erholen, dass er wieder vertrauen zu frauen fasste.

max lernt claudia kennen. es scheint nun wirklich zu klappen. beide
beginnen rasch zukunftspläne zu schmieden. bald ziehen sie zusammen.
max hatte das gefühl, endlich eine seelengefährtin gefunden zu haben. doch
die nähe hat tücken. allmählich lernt max die schwächen claudias kennen.
claudia ist nämlich nie für irgendwas selbst verantwortlich. sie braucht
immer und überall für alles einen schuldigen. und sie hat strategien
entwickelt, wie sie ihre interessen anderen unterjubelt. max durchschaut das
intrigante verhalten und versucht aus dem kauf einer gemeinsamen
wohnung ohne schaden rauszukommen. blöderweise haftet er alleine für
die finanzierung der gesamten wohnung, die ihm aber nur zur hälfte
gehören sollte. letztendlich gelingt es max ohne bleibenden schaden aus
dem wohnungsprojekt auszusteigen. es gab zoff mit den mitbewohnern, die
sich den zorn claudias zuzogen, und die wohnung wurde wieder veräußert.
claudia sagte auch nie was sie wirklich wollte. max war sich auch nicht
sicher, ob sie das selber wusste.

heute betrachtet sich max als geheilt. max geht keine beziehungen oder
bindungen mehr ein. wenn ihm eine frau zu nahe kommt, bekommt er ein
ungutes gefühl in der magengrube. seine weiblichen bekannten wissen das
und haben verständnis für ihn entwickelt. auch seine reizschwelle ist
inzwischen ziemlich niedrig. er artikuliert das sehr schnell, wenn eine
"dämliche funsen" nicht autofahren kann oder "spinnende karnaille"
irgendwo herumzickt.

16. November
kuschen und wegschauen

kürzlich verlasse ich das gericht. beim hinausgehen ergibt sich ein kurzer
smalltalk mit einem sog. gerichtskiebitz. er meint, wenn sie übergriffe von
frauen, sei es seelische oder körperliche gewalt gegenüber kindern, in ihrer
umgebung wahrnehmen, empfehle ich ihnen, den mund zu halten und
wegzuschauen. wenn sie das dem jugendamt melden, müssen sie damit
rechnen, dass die umstände so verdreht werden, dass letzten endes sie an

allem schuld sind.

17. November
hilferuf

ein hilferuf aus oberöstereich hat mich erreicht. jürgen ist in einer
verzwickten lage. er leidet seit anfang des jahres an der entziehung seines
sohnes durch die mutter. am jahresbeginn war der konflikt mit ihr eskaliert.
sie begann dem kind alle möglichen lügen über den vater auf das auge zu
drücken. jetzt versucht sie um jeden preis den kontakt mit dem vater zu
unterbinden, um zu verhindern, dass der vater diese lügen aufarbeiten kann.
das kind ist dementsprechend auf den vater verhasst. da bringt es auch
nichts, das kind zu einem kontakt zu zwingen. andererseits will sich jürgen
nicht in dieser sache schuldlos wegsperren lassen. ich bin fürs erste auch
ratlos.

18. November
schwierig

lerne markus kennen. markus ist vater einer zehnjährigen tochter. also er ist
sich nicht sicher, ob er der vater ist. er zahlt nicht wenig unterhalt für sie.
einige jahre nach der geburt behauptete die mutter mehrmals, er sei nicht
der vater. da er aber einen guten draht zur tochter hatte, versuchte er den
schaden möglichst gering zu halten. inzwischen wurde er aus der beziehung
hinausgeekelt und seine vaterschaft besteht nur mehr aus der zahlung des
unterhalts, nicht wenig, wie oben erwähnt. und nicht sicher, wer der
tatsächliche vater seiner tochter ist.

da kindesunterschiebung ein betrugsdelikt ist, das zwei jahre nach kenntnis
des betrugsverdachts verjährt, hat er keinen anspruch mehr auf gerichtliche
feststellung der vaterschaft. um den schaden zu begrenzen, fordert er die
mutter schon ein halbes jahr auf, eine rechtsverbindliche erklärung
betreffend der infrage kommenden väter seiner tochter abzugeben. bisher
erfolglos. inzwischen versteht er auch warum.

behauptet die mutter, nur er könne der vater sein, und das würde mit einem vaterschaftstest widerlegt werden, dann hätte sie wieder ein betrugsdelikt am hals. gibt sie gleich mehrere männer als mögliche väter an, würde das ein zweifelhaftes licht auf sie werfen. markus weiss jetzt wie er die weigerung der mutter, eine rechtsverbindliche erklärung betreffend der vaterschaft abzugeben, zu interpretieren hat.

26. November
fragwürdige gedenktage

internationaler tag gegen gewalt gegen frauen - ein hohn für alle anderen von gewalt betroffenen opfer. kinder, männlich wie weiblich, aber auch männer. zeitgleich lese ich von einer frau, die ihre ganze sechsköpfige familie umgebracht hat, und zwei ex-frauen eines mannes, die von der polizei getrennt werden mussten, weil sie in streit gerieten. gibt es auch einen internationalen tag gegen gewalt von frauen?

27. November
giftige beziehungen

dass sich problematische beziehungen auch auf die gesundheit auswirken können, ist nicht grundsätzlich neu. harriet braiker beschreibt in ihrem buch "giftige beziehungen - wenn andere uns krank machen" die mechanismen, insbesondere die psychische gewalt, die das zusammenleben vergiftet.

vergiftet können nicht nur beziehungen zwischen mann und frau sein. auch zwischen eltern und kindern, geschwistern, chef und mitarbeiter und kollegen. ich hab das buch vor ca. 10 jahren erworben, obwohl es mir von der damaligen lebensabschnittspartnerin ausdrücklich verboten wurde. und krame es mit interesse immer wieder hervor.
als weihnachtsgeschenk ist das buch dann doch nicht so gut geeignet ...

30. November
ins grab geärgert

franz hat mir gestern ein interessantes phänomen geschildert, das ich schon öfter hörte. es geht um seine schwiegereltern. er kommt besser gesagt kam mit beiden ganz gut aus. denn sein schwiegervater lebt seit fünf jahren nicht mehr.

was aber franz immer wieder fasziniert, ist wie seine schwiegermutter mit dem verlust ihres mannes umgeht. sie steckt nach fünf jahren immer noch in tiefer trauer und will und will einfach nicht darüber hinweg kommen. immerhin hat sie den besten ehemann der welt verloren. wie unfair das leben doch ist.

das war aber nicht immer so. franz war ein netter, freundlicher, hilfsbereiter mensch, der immer alles problemlos wegstecken konnte, wie es schien. er musste viel wegstecken, denn seine holde nunmehr witwe konnte sich schon wie eine richtige furie aufführen. wie das permanente herumekeln und drangsalisieren der mutter vom schwiegervater auf die dauer weggesteckt wurde, konnten viele nicht glauben.

als nun beide in pension waren und noch mehr aufeinander klebten, war es um ihn geschehen. wenige jahre später erkrankte sein schwiegervater schwer an den nieren und kurze zeit später verstarb er. er schien sich auf seine erlösung vom irdischen jammertal auch irgendwie zu freuen.

als absehbar war, dass der schwiegerpapa bald versterben würde, mutierte schwiegermama zum armen verlassenen opfer, das nun vollkommen unschuldig alleine da stehe und für ihr schicksal natürlich überhaupt nichts könne.

franz gesteht mir, dass er sich mit viel gewalt das grinsen verkneifen müsse, wenn seine schwiegermutter noch immer am grab in tränen ausbreche und den leuten, die sie auf dem friedhof trifft, immer wieder erkläre, wie lieb sie ihren mann gehabt hätte. leider hat er davon zu lebzeiten nicht viel mitbekommen.

1. Dezember
arschkarte

der begriff "arschkarte" kommt aus dem fussball und bezeichnet die rote

karte, die damals in der gesässtasche innen, also am arsch getragen wurde.
so sollte gewährleistet sein, dass der schiedsrichter nicht irrtümlich die
falsche karte bei einem foul zieht. heute steht die arschkarte für ein
besonders schlechtes los, das gezogen wurde.

man kann auch in beziehungen die arschkarte ziehen.

zb. wenn ein erfolgreiches alpha-männchen oder -weibchen von
erfolgreichem business-man oder -woman auf kindesvater oder
kindesmutter updatet, mit dieser rolle aber überhaupt nicht klar kommt.

oder sie landen in einem unterhalts- oder obsorgestreit mit jemand, der auf
einem amt oder in deren nähe arbeitet. da haben sie dann keine wirklich
gute perspektive.

oder sie landen in einer beziehung mit einem partner, der schon mehrere
rosenkriege erfolgreich mit allen untiefen und untergriffen überlebt hat. sie
haben ambitionen, das nächste opfer zu sein.

oder sie landen bei jemandem, der immer unschuldig ist, und weiss, wie er
ihnen die schuld an allem in die schuhe schieben kann. da ist dann ihre
leidensfähigkeit gefordert. in diesem fall wünsche ich ihnen nicht allzuviel
davon. je leidensfähiger sie sind, um so länger werden sie leiden müssen.
auch keine gute perspektive.

glücklicherweise gibt es eine antithese zur arschkarte. john gray beschreibt
das phänomen des seelengefährten, das menschen lange sehr glücklich
machen kann. setzt allerdings voraus, dass sie glücksfähig sind. was leider
in den meisten fällen nicht selbstverständlich ist. geben sie die hoffnung
nicht auf!

2. Dezember
psychiatrie

joachim ist ausnahmsweise mal kein beziehungsgeschädigter vater oder
opfer einer frau oder eines femikratischen systems, zu denen ich immer
wieder kontakt finde. joachim arbeitet in einer organisation, die

psychiatrische, pychologische und psychotherapeutische leistungen erbringt. beziehungstechnisch dürften sich bei joachim zwei seelengefährten also korrekt ausgedrückt eine seelengefährtIN und ein seelengefährte gefunden haben. auch mal schön so was zu erfahren.

joachim spricht über seine erfahrungen im beruf. ohne ihn direkt auf das thema anzusprechen, erzählt joachim von seinen schlüssen, die er aus seiner jahrelangen tätigkeit zieht. wenn männer in der psychiatrie landen, steht meist eine gestörte beziehung zu frauen oder negativer einfluss von frauen dahinter. meist sind es durchgeknallte exfrauen, nicht selten auch die art und weise, wie behörden mit ihnen umgehen. manchmal stecken auch gestörte beziehungen in ihrer eigenen familie dahinter. fallweise scheint das eine auch die folge des anderen zu sein. seltener sind es spannungen mit kindern.

bei frauen sind die ursachen für pychiatrische behandlungen zum einen in konflikten unter frauen und der mangelnden fähigkeit mit ihren eigenen emotionen umzugehen, zu finden. erst dann finden sich soziale spannungen zu eltern und kindern.

und es gibt menschen, die einfach chronisch psychisch krank sind, wo ein fremdverschulden ausgeschlossen werden kann. aber die sind laut joachim nicht die mehrzahl der patienten in psychologischer betreuung.

natürlich darf das offiziell niemand so sagen, es hieße ja auch, dass frauen zumindest in dem selben ausmaß für psychologische folgewirkungen verantwortlich wären wie männer. diese ehrlichkeit ist aber in der öffentlichen wahrnehmung nicht erwünscht. und es würde sich nicht positiv auf seinen job auswirken. wahrheit ist selten dazu geeignet, sich damit freunde zu machen.

ein großteil dieser konflikt-verursachten diagnosen wären laut joachim mit entsprechender bewusstseinsarbeit ersparbar, würden wir anders mit konflikten umgehen. aber wer will das schon?

4. Dezember
am ende vor dem nichts

mark chattet mit mir im net. ich kenne ihn von einer väterrechts-plattform.
mark hat ein interessantes phänomen mehrmals erlebt und festgestellt, dass
das prinzip bei manchen frauen methode ist. sie versuchen den mann in der
beziehung unter ihre kontrolle zu bekommen. es entspricht ihrem idealbild
einer beziehung. nicht jeder mann ist dafür geeignet. man muss schon in
dieses beuteschema passen. da es sich idr. um wiederholungstäterinnen
handelt, suchen sie sich die opfer bewusst oder unbewusst nach diesem
schema aus.

frau will gerne nähe und kontrolle. diese nähe erfordert es, dass sich mann
allmählich aus allen seinen vereinen zurückzieht, keine freundschaften
mehr pflegen kann, seine ziele aufgibt, seine visionen, sich sogar seiner
eigenen familie fernhalten muss. nur mehr diese frau darf in seinem leben
vorkommen. hat ihn frau nun unter kontrolle, versucht sie diese natürlich so
gut wie möglich beizubehalten. manche stellen immer subtilere
forderungen, um immer ausreichend schuldgefühle beim mann aufrecht zu
erhalten.

diese beziehungen halten idr. laut mark aber nicht ewig. manchmal verliert
frau interesse an ihrem spielzeug und schmeisst es einfach raus. oder ekelt
es raus. oder mann bekommt schwere depressionen. wird ein mann von
frau ordentlich beschäftigt und richtig ideologisch indoktriniert, kommt
mann lange nicht drauf, welches spiel da gespielt wird. manche kommen
ein leben lang nicht drauf. manchmal werden sie verhaltensauffällig,
manche landen sogar in der psychiatrie. aber warum sie in der psychiatrie
landen, will niemand wahr haben.

am ende einer solchen beziehung stehst du vor dem nichts. keine vereine
mehr, keine freundschaften, kaum hobbys, kaum mehr ziele und niemand
mehr, mit dem du reden kannst. das wirft nicht wenige heftig aus der bahn.
das ist nach dem ersten schweren beziehungende dann doppelt schwer,
wenn du plötzlich keinen lebensinhalt hast und auch niemand, mit dem du
darüber reden kannst. und vielleicht noch einen anwalt am hals hast, der dir
deinen mund zukleben lassen will. mark kann inzwischen damit gut
umgehen und bringt seine erfahrungen auch immer wieder in der

väterrechtsgruppe ein. wäre schön, wenn man diese zusammenhänge schon vor der ersten beziehung wüsste und nicht unvorbereitet in einen kampf geschickt wird.

mark landet immer wieder in solchen situationen. wenn die persönlichen übergriffe anfangen, zieht er leine, die reissleine. frau ist dann manchmal etwas verstört, aber keine sorge, sie findet bald ein neues opfer. da draußen laufen genug herum, die in dieses beuteschema passen. seine exen sind meist nicht lange solo. internet sei dank. und es kommen genug geeignete opfer nach. mann muss sich schon mind. zwei- bis dreimal die finger ordentlich verbrennen, bis mann das spiel kapiert. und manche kapieren es nie. die depperten sterben nicht aus.

5. Dezember
trennungskultur

friederich berichtet über ein interessantes phänomen. er hat es mehrmals hintereinander erlebt. es scheint eine bestimmte methode dahinter zu stehen. frau will dass die beziehung beendet wird, will sie aber nicht selbst beenden. jetzt ekelt und mäkelt sie so lange rum, bis er den schluss-strich zieht.

das praktische an einem vom mann verursachten beziehungsende ist, dass mann an allem schuld ist. sie kann sich wiederum als armes allein stehen gelassenes opfer darstellen, ein verhaltensmuster, dass diese gruppe von frauen vermutlich schon in ihrer früheren kindheit erworben hat und auch im beziehungsalter erfolgreich anwendet. und manchmal auch tadellos perfektioniert hat. wenn die frau spürt, dass es ihm nun endlich bald reichen werde und er endlich das handtuch schmeißt, beginnt sie ihren freundeskreis in sein auffälliges verhalten einzuweihen. dass sie ihn selbst täglich zur weissglut treibt, erzählt sie natürlich nicht. und wenn es dann aus ist, hatten sie und ihre freundinnen wieder mal recht. ist doch immer wieder schön, wenn man recht haben kann.
friederich nimmt sich heute kein blatt mehr vor den mund. wenn er sympthome für ein solches verhalten feststellt, beginnt er intensiv mit der frau zu reden und fordert sie auf, kein spiel zu spielen. niemand hindert sie, klar zu sagen, was sie stört. die meisten haben das aber nie gelernt. fast

therapeutisch lernt friederich mit seinen verfließenden, sich klar
auszudrücken und so zu formulieren, dass es nicht als schuldzuweisung
oder vorwurf ankommt. und manche kapieren es. manche bleiben
wiederholungstäterinnen ohne schuldverständnis und schuldeinsicht.

es muss nicht immer der andere schuld sein, wenn eine beziehung nicht
klappt. mann und frau können einfach so unterschiedlich sein oder sich so
verändern, dass beide nicht mehr ausreichend harmonieren. mit der zeit
kann sich eine winzige ungereimtheit zu einer riesen-blockade entwickeln,
die unüberbrückbar scheint. dann ist eine gewisse distanz hilfreich.
niemand zwingt frau deshalb, in einen rosenkrieg zu ziehen.

6. Dezember
schuldlos weggesperrt

bemerkenswerter beitrag in einer online-plattform. ein gewisser jörg hat
eine methode beschrieben, wie frau mann elegant los wird. nicht weil er
was ausgefressen hat, sondern weil er einfach nur stört. warum er störte,
weiss er bis heute nicht wirklich. von einem tag zum anderen konnte und
wollt sie ihn nicht mehr riechen. heute weiss jörg, dass das auch mit der
umstellung von hormoneller verhütung auf eine andere nichthormonelle
verhütungsmethode zusammenhängen kann.

"damals wusste ich das nicht. dass frauen phasenweise emotional aus dem
gleichgewicht geraten, ist ja ein normalzustand. in der regel ist das auch
nach wenigen tagen wieder im lot. plötzlich war ihr emotionelles
ungleichgewicht ein dauerzustand."

abgesehen davon, dass sie bissig wurde, reagierten auch ihre kinder nun
auffällig. das war im kindergarten und in der schule nicht mehr zu
verbergen. schnell wurde er als schuldiger für das auffällige verhalten der
kinder identifiziert. inwieweit sich jörg nun seinen kindern gegenüber
falsch verhalten hätte, weiss er bis heute nicht. nachdem er aus der
gemeinsamen wohnung hinausgeekelt wurde, war es nur eine frage der zeit,
bis die kindesmutter ihm den zugang zu den kindern abgedreht hat.

bis heute ist sich jörg keinerlei schuldhaften verhaltens bewusst. auch hat sich bis heute niemand die mühe gemacht, ihm zu erklären, was er falsch gemacht hätte. er weiß lediglich, dass die kinder nun so aufgestachelt sind, dass sie nichts mehr mit ihm zu tun haben wollen. weshalb jörg nun zweifelt, ob es sinnvoll ist, ein besuchsrecht oder eine gemeinsame obsorge anzustreben.

für das jugendamt ist es irrelevant, wer die kinder aufstachelt. es ist ihnen auch egal, ob die schuld, die ihm von der kindesmutter scheinbar ständig in die schuhe geschoben wird, auch einen realen hintergrund hat. für das amt ist das kindeswohl gerettet, wenn der vater weggesperrt ist. das muss reichen.

8. Dezember
männer hören nicht zu

sind sie auch immer wieder mit dem vorwurf, dass sie nicht zuhören oder zuhören können, konfrontiert? clemens beschäftigt sich mit kommunikation und hat daher ein auge dafür, was üblicherweise zwischen mann und frau kommunikationstechnisch läuft.

statisch gesehen hören männer und frauen gleich gut zu. dass nur männer nicht zuhören ist ein feministenmärchen. das liegt an den mechanismen der kommunikation.

die wahrnehmung von dem, was unser(e) gegenüber sagt, hängt im wesentlichen davon ab, ob wir in einem ausreichend konzentrierten wahrnehmungsbereiten zustand sind. da unterscheiden sich die geschlechter idr. nicht. das zweite ist die lautstärke der botschaft. wenn er/sie im bad stehen und etwas sagt, wird es schwierig für jemand der im wohnzimmer sitzt, überhaupt mitzubekommen, dass der/die andere etwas gesagt hat. für den/die sender(in) der botschaft gilt es aber als gesagt, weil er/sie sich ja selber beim sagen gehört haben.

diesbezüglich gibt es ein weiteres wahrnehmungsproblem. wenn jemand einen gedanken fünfmal denkt, kann er/sie oft nicht mehr unterscheiden, ob er nur gedacht oder auch gesagt wurde. es ist enorm mühsam, wenn dinge von denen der/die partner(in) geträumt oder sich vorgestellt hat,

eingefordert werden, warum sie noch nicht passiert sind. der/die sender(in)
ist jedenfalls sicher, das (mehrmals) gesagt zu haben.

zu dem kommt, dass wir botschaften über filter wahrnehmen. wenn eine
bösartige bemerkung zum 27.mal fällt, ist es durchaus realistisch, dass sie
nicht mehr den wahrnehmungsfilter durchdringt. in diesem fall ist es eine
art selbstschutz.

ein weiterer filter ist der interesse-filter. wenn eine botschaft gesendet wird,
die gerade nicht im interesse-filter des/der gegenüber(s) hängen bleibt, fällt
sie durch. wenn mann in gedanken schon bei der bowlingrunde oder frau
schon in gedanken beim kaffeekränzchen ist, dann wird sie andere
botschaften möglicherweise überhören.

lebensbedrohliches nehmen wir idr. sofort wahr. außer es handelt sich um
die 500. mord- oder die 800. selbstmorddrohung. die erreicht unsere
wahrnehmung sehr wahrscheinlich nicht mehr.

laut clemens unterscheidet wahrnehmung und kommunikation nicht
zwischen mann und frau. lediglich die wahrnehmungsfilter sind etwas
anders gelagert. frauen nehmen eher emotionale botschaften wahr, männer
eher rationale. dass hängt damit zusammen, dass frauen eher emotionale
zustände begreifen können und den wert eines tollen autos nicht wirklich
begreifen können. bei männern ist das umgekehrt.

clemens bedauert, dass wir zeit unseres lebens nicht wirklich lernen wie
kommunikation funktioniert und viele konflikte deshalb immer stärker
werden, nur weil mann und frau nicht bewusst ist, was da läuft.

9. Dezember
einzelkinder

mark ist hobbypsychologe. er nimmt vieles wahr, was den meisten
menschen männlich und weiblich verborgen bleibt. er ist dabei sehr
vorsichtig. nicht alles was er wahrnimmt, gibt er sofort von sich. wenn er
sich jedoch in einer umgebung wähnt, die auf seine wahrnehmungen wert
legt, dann sprudelt es aus ihm heraus. ein ohrenschmaus für leute, die so

was interessiert.

mark erzählt zuletzt von einer interessanten erfahrung mit einzelkindern in
beziehungen, die sich fast regelmäßig wiederholt. also von beziehungen mit
männern und frauen, die als einzelkinder aufwuchsen. der einzelkind-effekt
tritt allmählich auch dann ein, wenn der altersunterschied zwischen
geschwistern größer als 3 jahre ist.

laut c.g.jung hat jeder mensch ein kindheits-ich, ein erwachsenen-ich und
ein eltern-ich. das kindheits-ich äußert sich, wenn wir in eine demutsrolle
gehen und uns unter- oder ein-ordnen. das erwachsenen-ich kommt zum
vorschein, wenn wir auf gleicher augenhöhe mit menschen kommunizieren
und arbeiten. das eltern-ich zeigt sich, wenn wir uns über andere
hinwegsetzen, befehle erteilen oder für andere regeln festsetzen.

mark ist aufgefallen, dass einzelkinder in beziehungen idr. ein ganz
schlecht ausgeprägtes erwachsenen-ich besitzen. das wäre durch
geschwister trainiert worden, wird aber in einzelkind-familien meist von
der beziehung zu den eltern und damit einem dominierenden eltern-ich
überlagert. diese kinder lernen zudem, dass sie sich mit der opfer-rolle
(kindheits-ich) gut durchsetzen und ihre umgebung manipulieren können.
lediglich die fähigkeit, anderen menschen auf augenhöhe partnerschaftlich
zu begegnen, ist oft dazwischen verkümmert.

in der kommunikation wechseln einzelkinder daher oft von unterordnung
zu dominanz und wieder zurück. sie finden auf augenhöhe idr. kaum
zugang zu menschen, es sei denn, sie haben diese komponente ihrer
persönlichkeit inzwischen entwickelt. das ist zb. möglich, wenn
einzelkinder diese verhaltensmuster bei ihren eltern sehen und als
erfolgreiches verhaltensmuster übernehmen. für kinder von einzelkindern
ist das dann doppelt schwierig.

mark hat vieles aus seinen erkenntnissen gelernt. wenn er eine frau
kennenlernt, interessiert er sich sehr schnell für den familiären hintergrund.
so weiß er schnell, wie er dran ist. menschen können sich unvorstellbar gut
verstellen und kompetenzen vortäuschen, die sie nicht haben. nach meist 14
tagen bröckelt der lack ab. wie in der theorie vom hellen und vom dunklen
zimmer. im hellen zimmer zeigen wir, was wir herzeigen wollen. im

dunklen zimmer verstecken wir, was wir nicht herzeigen wollen. das lässt
sich mit zunehmender nähe aber nicht verstecken. mit diesen negativen
inhalten müssen wir uns in irgendeiner weise arrangieren. hat er aus einem
buch von erwin ringel.

10. Dezember
tagebuch und co

florian schildert in einem tollen gespräch wie er mit seinen belastungen
umgeht. es hat ihn ziemlich schwer erwischt. die kindheit sehr belastend,
die schulzeit ein dauerhorror, und nach der schule schien es nicht besser zu
werden.

irgendwann erfuhr florian etwas von channeling und der praxis, dass
manche leute sich hinsetzen können und in einem flow-artigen zustand
ganze bücher schreiben. anfangs war er skeptisch, aber irgendwann juckte
es ihn und er begann sich alles von der seele zu schreiben, was ihn
bedrückte. er startete seinen laptop und wie durch geisterhand fügte sich ein
gedanken nach dem anderen. sein erster literarischer erguss endet nach ca.
8 maschinschreibseiten. und er spürte plötzlich, dass es ihm besser ging.
wie eine last, die er von seinen schultern abstreifte, und in seinen laptop
schob. viele dinge ordneten sich plötzlich, die er hinter einem diffusen
nebel vermutete, aber bisher nicht zu fassen bekam.

florian schreibt heute fast täglich sein computertagebuch. er nimmt dazu
ein gerät, das nicht mit dem internet verbunden ist, um zu verhindern, dass
keine daten raus kommen oder ausspioniert werden können. und irgendwie
scheint es florian auch wichtig zu sein, etwas für die nachwelt zu
hinterlassen. er stellte fest, dass menschen aus seiner umgebung oft sehr
rasch versterben und niemand kannte diese menschen wirklich gut. in
einigen fällen bedauerte er es, nichts mehr von diesen menschen
vorzufinden. florian druckt deshalb seine niederschriften aus, gibt sie in ein
kuvert, verklebt sie, und legt sie in einen ordner, wo auch seine dokumente
drin sind. wann immer jemand nach seinem ableben das bedürfnis hat, sich
mit ihm auseinanderzusetzen, soll er/sie nicht daran gehindert werden.

11. Dezember
enterisch

kennen sie den begriff "enterisch"? im volksmund bedeutet das so viel wie
unheimlich. unheimlich ist mir zumute beim gespräch mit fabian. über die
persönlichen umstände, die zu diesem gespräch geführt haben, hülle ich
mich in schweigen.

fabian lebt in einem hospiz. sein zustand ist anhaltend schlecht, aber
einigermaßen stabil. er schläft viel, bekommt ständig schmerzmittel
verabreicht, ist aber im gespräch vollkommen klar und geistesgegenwärtig.

fabian macht einen sehr entspannten eindruck. irgendwie scheint er mit
allem abgeschlossen zu haben. ob er angst habe, frage ich ihn. er habe
keine angst. als er merkte, dass er sich in die richtung auf den letzten weg
begebe, habe er sich viel mit dem thema tod befasst. er habe alles gelesen,
was massgeblich zu diesem thema geschrieben wurde. seitdem habe er
keine angst mehr vor dem tod. im gegenteil, er lasse ihn auf ihn zu
kommen. schmerzen habe er dank der medikierung keine. eigentlich hatte
er eine schlechte prognose von max. 6 wochen lebenserwartung. aber das
ist jetzt eineinhalb jahre her. er sei seit dem austherapiert, werde im hospiz
sehr gut versorgt. sein zustand ist aus medizinischer sicht schlecht, aber er
verschlechtert sich seit eineinhalb jahren nicht mehr spürbar.

schon fast begeistert redet fabian über den sterbeprozess, wenn es dann so
weit wäre. von den körperlichen vorgängen, der ablösung der seele, dem
hellen tunnel, und der tatsache, dass sich die seele dann einen aufenthaltsort
nach seiner wahl suchen könne. das dürfte ihm wohl am besten gefallen.

fabian hat eine schlimme vergangenheit hinter sich. er war erfolgreich im
finanzgeschäft tätig, hatte familie, drei kinder. großes haus, mit hohen
schulden vorfinanziert, aber das ist für einen guten banker ja kein problem.
eines tages kam es zum streit. die einst harmonische beziehung kippte ins
totale gegenteil. seine frau drehte regelmäßig durch, die kinder wurden zum
streitobjekt von macht und status und es folge ein rosenkrieg, in deren folge
das haus draufging, er mit hohen unterhaltsforderungen eingedeckt wurde,
in eine schwere depression verfiel und letztendlich berufsunfähig wurde.
hätten ihn in dieser zeit nicht seine eltern durchgefüttert, wäre er wohl

obdachlos geworden.

mit der depression kam die krankheit. er wisse, warum er diese krankheit habe. und kenne viele fälle, die in solchen konfliktsituationen die gleiche krankheit bekommen hätten. realistisch heilbar ist seine krankheit nicht, auch wenn ihm immer wieder tolle heilerfolge vorgeschwärmt wurden. mit ein bisschen glück schreitet sie nicht oder nicht so schnell voran. nach vier jahren erfolgloser therapie wurde er als unheilbar entlassen, auf schmerzmittel eingestellt, mit einer prognose von max. 6 wochen. da er seinen nunmehr gebrechlichen eltern nicht zur last fallen wollte, versuchte er im hospiz unterzukommen. da liegt er nun, die meiste zeit, auf den tod wartend.

irgendwie scheint sich fabian auf den tod zu freuen. "wenn das stimmt, dass meine seele nach meinem ableben sich dort aufhalten kann, wo sie will, ich glaub, dann werd ich ständig bei meinen kindern sein." und die könnten sich gar nicht wehren. verschmitzt grinst er über das ganze gesicht. kurze zeit nach der trennung wurde fabian fast vollständig von seinen kindern weggesperrt. die gehirnwäsche der mutter habe das übliche dazu beigetragen. seine kinder meiden auch jetzt jeden kontakt. ob er sie vor seinem ableben nochmals sehen werde, wisse er nicht. aber das sei ihm mit seinem wissen inzwischen egal. denn er werde sie sicher bald wiedersehen, und sie werden es möglicherweise gar nicht merken.

fabian wird müde. er bittet nun in ruhe schlafen zu dürfen. ich danke ihm für das gespräch und wünsche ihm auf seiner reise alles gute.

13. Dezember
kommunikations-defizit

eines der häufigsten problemzonen im umgang von menschen miteinander ist ein mangel an kommunikationsbewusstsein. nicht nur in der kommunikation zwischen mann und frau oder eltern und kindern. kommunikation ist ein nicht verhinderbarer zustand. war es paul watzlawick, der gemeint hat, man könne nicht nicht kommunizieren?

kommunikation ist jede form, wie mensch mit seiner umgebung in kontakt tritt. inwieweit computer mit anderen computern in kontakt treten, würde hier in der betrachtung wohl den rahmen sprengen.

wir treten auch mit dingen in kommunikation. wir reden mit der haustür, dem briefkasten, der kommode und der katze oder dem hund. wobei letztere auch lebewesen sind, und nicht nur dinge. so wie der mensch auch eine art von ding ist.

wir kommunizieren verbal (durch sprache oder schrift) und non-verbal (mimik, gestik).

betrachten wir eine standardkommunikation zwischen menschen. die person a verfolgt eine absicht, formuliert sie und spricht sie aus. person b (und weitere) hört diese nachricht und verwertet sie. auf die verschiedenen ebenen einer botschaft will ich jetzt nicht eingehen. das ginge hier zu weit. aber das für den einzelnen möglicherweise unmittelbar verwertbare will ich schon hinweisen.

noch mal im detail. person anton stört sich am nicht-entleerten mistkübel in der garage. er sagt zu seinem sohn: "der mistkübel ist voll. der gehört ausgeleert.". der sohn hört das, sagt "ja erledige ich gleich" und leert ihn aus. das ist noch relativ einfach. komplizierter wird es in der beziehungskommunikation.

person a (albert oder anna) empfindet etwas. er/sie entscheidet, dass er/sie eine botschaft sendet, sprich er/sie versucht mit dem zur verfügung stehenden sprachinventar dieses gefühl auszudrücken. dieser ausdruck kann geschickt oder weniger geschickt, direkt oder weniger direkt erfolgen.

die botschaft wird von der potentiellen zielperson oder den personen wahrgenommen oder nicht. wird sie wahrgenommen, wird sie vollinhaltlich verstanden? wird sie verstanden, wird sie von der zeilperson mit ihrem eigenen emotionalen muster und filter eingefärbt. "trag den mistkübel runter!" ist ja nicht nur ein befehl, es kann auch eine erinnerung, eine aufforderung, eine bitte, eine hilfeleistung sein. da kommt nun die qualität der beziehung ins spiel. auch das ist ein unerschöpfliches themengebiet, das wir besser der hohen wissenschaft überlassen.

ein gefühl ist da.
das gefühl wird ausgedrückt, entsprechend den ausdrucksfähigkeiten des
sender.
die botschaft wird gesendet
die botschaft wird empfangen
die botschaft wird verstanden
die botschaft wird dem beziehungsverhältnis zum sender entsprechend
gefiltert und eingefärbt
auf die botschaft wird reagiert (oder nicht)
die botschaft wird bestätigt oder eine handlung gesetzt.

botschaften werden mit dem horizont des senders gesendet und mit dem
horizont der empfängers verstanden. diese horizonte sind aber nicht gleich.
deshalb können botschaften vom empfänger ganz anders verstanden
werden als sie vom sender gesendet wurden. je besser man sich kennt,
umso geringer ist diese fehlerquote.

wie können wir nun damit konkret umgehen? es ist zielführend in der
kommunikation wachsam zu sein. ich sage etwas und beobachte die
reaktion des empfängers. an der reaktion erkenne ich die stimmung und
sehe relativ schnell, ob es zu einer miss-stimmung kommt und ich darauf
reagieren sollte.

andersrum. eine person sendet eine botschaft. ich höre sie, beobachte die
person und versuche die stimmungslage des senders zu erfassen. eine
unmutsäußerung fühlt sich ganz anders an als eine euphorische meldung.
dementsprechend tu ich mir leichter, diese äußerung sinnvoll zu
verarbeiten.

leider lernen wir kaum wo, wie wir besser miteinander kommunizieren
können. was zumindest so wichtig wäre wie lesen, schreiben und rechnen.
aber wer braucht das schon heutzutage?

15. Dezember
nuttologe

eine etwas fragwürdige persönlichkeit lerne ich kennen. alfred ist nicht

ganz ernst zu nehmen, aber zeitweise sogar tiefsinnig. so ernst genommen
will er gar nicht werden, denn sonst würde er sich dem terror gewisser
feministinnen aussetzen. und das will er auch nicht. deshalb scheut er davor
zurück, sein wissen auf papier zu bringen.

das spezialgebiet von alfred sind nutten. ob er durch studium, recherche
oder praktische forschung zu seinen erkenntnissen kam, redet er nicht aus.
auch über die zahl der nutten kann er nichts mit sicherheit sagen. es wäre
total falsch, eine hohen anteil an nutten unter den frauen zu vermuten.
zudem gäbe es auch genug männliche nutten. das ist kein qualitatives
unterscheidungsmerkmal.

eine seiner wichtigsten erkenntnisse - und die dürfte auf praktischen
erfahrungen beruhen - ist die unterscheidung in echte und in falsche nutten.
charakteristisch sei, dass du bei einer echten nutte nur einmal und idr. in bar
bezahlst. bei einer falschen nutte zahlst du mehrmals, idr. unbar und nicht
nur mit geld.

ich konnte diese these spontan nicht widerlegen. und so ein großes
bedürfnis, mich mit diesem fachgebiet auseinanderzusetzen, hab ich ehrlich
gestanden auch nicht.

16. Dezember
vollmond-programm

georg erzählt in einer selbsthilfegruppe über seine erfahrungen mit den
mondphasen. sein name ist geändert, die fakten so verändert, dass sie
sinngemäß stimmen, aber keine rückschlüsse auf seine person oder die
betroffene frau zulassen. georg ist damit einverstanden, dass ich diese
geschichte hier erzähle.

georg lernte vor 15 jahren eine frau im internet kennen. anfangs war alles
super und leiwand, sie verstanden sich prächtig, kein wölkchen trübte den
himmel. nach drei jahren beschlossen sie zusammen zu ziehen und zu
heiraten. seine frau bekam im abstand von jeweils zwei jahren drei kinder.
doch das war nicht das problem.

ab dem zeitpunkt der hochzeit veränderte sich der charakter seiner frau. sie
war nicht mehr so entspannt und lebenslustig wie früher. anfangs knallte sie
zu vollmond immer zwei bis drei tage durch. einige monate nach dem
ersten kind begann sie, 7 bis 8 tage im monat durchzuknallen, just
beginnend immer ein bis zwei tage vor vollmond. „ich versuchte zu
verstehen, dass es ihr zeitweise schlimm ging, wollte einfach für sie da
sein, hilfsbereit, aber nicht belehrend oder vereinnahmend. die lage änderte
sich kaum.“

weitere zwei jahre später, zwischen dem zweiten und dem dritten kind
verschlimmerte sich die lage zusehends. sie war durchgehend drei wochen
im monat emotional nicht mehr erreichbar. auch da hielt sie sich ziemlich
genau an die mondphasen. ich konnte fast taggenau vorhersagen, wann sie
wieder mit der durchgeknallten phase beginnen wird. zu diesem zeitpunkt
spürte ich erste gesundheitliche folgen, und dass auch die kinder unter
diesen permanenten wut- und zornesausbrüchen zu leiden begannen. die
ausbrüche fanden interessanterweise nur zu hause statt. schneite die
schwiegermutter zur tür herein oder eine ihrer besten freundinnen, war sie
ruhig und friedlich, wie er sie schon lange nicht kannte. allmählich dachte
georg nun darüber nach, wie er und die kinder nun lebend aus dieser
beziehung raus kämen.

nach der geburt des dritten kindes waren keine besserungsphasen mehr in
sicht. es kam wenige monate später zum bruch. die mutter konnte es mit
einem guten anwalt so drehen, dass er an allem schuld war und fortan
komplett weggesperrt wurde. er sieht seine kinder nicht mehr. nur mehr am
rande bekommt er mit, dass die kinder von anfang an in kindergarten und
schule verhaltensauffällig sind. und dass die therapie-szene dahinter gut
funktioniert. er sieht das an den leistungsberichten seiner sozialversicherung, weil untersuchungen und therapien seinem krankenkassen-
konto angeschlossen werden.

georg scheint nun einigermaßen über seine tragischen beziehungserfahrungen hinweg gekommen zu sein. wann immer ihm die lage seiner
kinder bewusst wird, bekommt er ein beklemmendes gefühl. würde er diese
situation aber nicht akzeptieren, zerbräche er und das wäre für seine kinder
vermutlich noch schlimmer, wenn sie überhaupt keinen vater mehr hätten.
und irgendwann werden sie zu fragen beginnen, wer und wo ihr vater sei.

dann könne er ja da sein.

18. Dezember
es hört nicht auf

peter ist schwer krank. man sieht ihm an, dass er einiges an konflikt-last
mit sich herumschleppt. er redet sofort offen über das, was ihn belastet und
bewegt.

peter lebte eine art sklaven-leben in einer beziehung. ständig auf trab
gehalten, ständig mit schuldgefühlen überhäuft, keine kuft zum atmen, gut
unter kontrolle gehalten. bis er seinen ersten herzinfarkt hatte. schnell
wieder zurück ins alte leben. kaum ein jahr später der zweite herzinfarkt,
den er nun knapp überlebt hat. in der reha wird er psychologisch betreut.
allmählich wird ihm bewusst, dass er eigentlich nur mehr ein sklavenleben
führt, das in einer katastrophe enden musste.

mit viel kraft gelingt es peter, sich aus der tödlichen umklammerung einer
frau zu befreien. damit sollte es eigentlich besser werden. doch daraus
wurde nichts. zum einen ließen ihn die vielen traumatisierenden konflikte
nicht in ruhe. zum anderen hielt ihn seine ex-frau nun via rechtsanwalt,
gericht und jugendamt auf trab, dass er wieder nicht zur ruhe kam.

"ich dachte, der psychoterror sollte nun endlich aufhören. irrtum. es wurde
noch schlimmer.". nach vier jahren nachehelichem kleinkrieg der erste
kollaps, kurze zeit später der erste tumor, seit wenigen monaten metastasen.
"ich bin gut mit schmerzmedikamenten eingestellt. versuche aber nicht zu
viele davon zu nehmen, weil ich meine wahrnehmung möglichst lange klar
erhalten will. wenn die schmerzen und der zustand unerträglich werden,
muss ich irgendwann die entscheidung treffen, ob ich so weiter leben will.".
ich ahne, was er damit meint. und ich kann es ihm nicht verdenken.

28. Dezember
arschloch-rolle

nach einem vortrag kommt ein gewisser mike auf mich zu und bot mir seine beziehungsgeschichte an, weil er sie irgendwie interessant findet.

mike und petra waren ein paar. sie heirateten und bekamen drei kinder. als sich die frage des erziehungsstiles stellte, kamen sie überein, dass sie ihre kinder möglichst realitätsnah erziehen wollten. also müsse einer von beiden die rolle des arschlochs übernehmen. petra meldete sich freiwillig und spielte diese rolle 10 jahre lang mit begeisterung und überzeugung. nach zehn jahren war ein rollentausch vereinbart.

zehn jahre später forderte mike den rollentausch ein, aber petra weigerte sich, ihre arschloch-rolle aufzugeben. letztendlich gerieten sie in streit, der in einer trennung mündete.

„heute sind wir beide arschlöcher zueinander, während wir unsere kinder gut behandeln. das kommt auch auf eine sehr realitätsnahe erziehung hin."

Der Autor

Hans Kreimel, geboren im Jänner 1965

Volksschule, Hauptschule, HLBLA Francisco-Josephinum in Wieselburg, Fachrichtung Landwirtschaft, Matura 1984
Präsenzdienst 1985, seit 09/1985 hauptberufliche Beschäftigung als Landwirt, Forstwirt und Bio-Obstbauer

Ab 1985 intensive Auseinandersetzung mit den Themen Kommunikation, Konflikte und Beziehungen, u. a. Ausbildung zum Trainer in der Erwachsenenbildung und zum Wünschelruten-Geher.

seit 2011 Blogger in ca. 50 Blogs zu verschiedenen Themen wie Beziehung, Agrar, Technik, Innovation und Politik.

Autor des Buches „Österreich 2030 – Strategien für die Alpenrepublik"